聆聽東涌 　非凡事、在人為

目錄

前言

這本關於東涌社區的書，本來是用來記錄計劃夥伴如何透過營造東涌計劃，為東涌社區和居民創造積極的社會影響。然而，在田野考察以至書寫這些故事的這段時間，我們漸漸發現，其實這本書本身也是營造東涌計劃的社會影響。每一位在書中提及的居民，他們用自己每天營造東涌的經歷，透過這個文字平台，參與着建構一個與主流論述不盡相同的東涌，讓社會上不同的持分者看到一個不一樣的社區，同時也讓香港社會及關心營造社區、發展社區的持分者，可以深入思考在此時此地的香港，營造一個社區有何可為。

大家只要看看書中每一位人物、每一種行動、甚至每一個微不足道的地點，就能發現這些老老實實地在社區生活的平凡人，除了有能力為自己的生活和生命打拼之外，還在有意無意之間參與着改變自己的生活世界、自己的社區及社會。在每一個故事中，我們看到很多細小的生活奇蹟，每天都在東涌發生。雖然，社區佈局未必太理想，社區設施和資源匱乏等問題每天都真實地影響着居民的日常生活，但我們發現在社區生活的人

們，確實有無窮的智慧、耐性和潛能，在困難之中他們總能夠因時因地制宜。有時能在被動地適應環境之中，發掘一些獨特文化資產和能力，活出東涌人的身分，並以此為傲；有時又因有意或無意地參與社區的活動，令居民之間的支援網絡漸漸地建立起來，並且靠着這些社群的支持，為自己和社區充權。因為相信自己有能力，也相信社區有潛力為居民賦予能力，故在困難和匱乏之中，仍然信相自己和社區總會有美好的未來。

因着營造東涌計劃，我們獲得一個前所未有的機會，嘗試以故事敍述的方法，記錄一眾東涌居民，如何以直接或間接形式參與營造自己社區。在我們嘗試書寫社區生活民族誌的同時，其實也是居民透過我們，以分享他們生活經歷的方式，譜寫他們自己的社區生活民族誌。在這個過程中，我們看到無數社區點滴、居民的平凡事，全部都是實實在在地建立或重構着這個社區，而這些都並非一本書能全部和全面記錄下來的。這本書只是我們的一種新嘗試，說是社區生活民族誌，或許言過其實，因為有太多社區社會文化事跡、以至於整個社區的文化體系，我們難言有很全面

的理解，也沒有很多空間可以深入討論和分析。這本書只能算是一種不確定的新嘗試，也期望藉此引發更多有關社區生活民族誌、社會影響研究和社區營造的討論。盼望讀者和同業指正，我們必虛心領教。

這本書的出版，自然有賴很多夥伴支持。

重中之重，是我們書中提及和書外參與的每一個東涌社區故事主人翁。他們不吝向我們介紹一個截然不同的東涌、分享自己在東涌的生活事跡，他們的分享、行動，常常給予我們思考和書寫上的啟發，在我們團隊迷惘的時候，也給予我們鼓勵和肯定，不時更用行動支持我們的工作，我們對他們心存無限的感激。

其次，我們必須對太古集團慈善信託基金的支持表示誠摯的感謝。他們的支持不只是財政，更重要的是他們從一開始就支持以故事敍述的方法去書寫營造東涌的社會影響。事實上，在營造東涌計劃的過程中，太古集

團慈善信託基金無時無刻都希望我們能創造更多機會，讓東涌人能有足夠機會發聲和參與，這本書的出現，我們希望是對基金會的報答。

再者，我們也感謝營造東涌計劃的四個夥伴機構，以及在這幾年和我們一起為營造東涌而努力的區內持分者。在我們進入東涌社區的時候，他們提供了不少的支援，除了讓我們結識了很多區內的居民，不時也為我們提供場地和其他有形無形的配合，讓我們順利和不同人交談和分享。對於他們的支持，我們深表謝意。

細說社區故事：社區文化與社會網絡營造東涌的現在與未來

身處這個有海量資訊的年代、一個交通便利和人口流動極高的國際城市，香港人習慣了急促的生活節奏，對於這個城市發生的事情、城市人的生活處境、以及他們生活實踐中反映的價值觀、習尚、生活智慧等等，我們都沒有時間細心去考究和領會。對於關心社會發展進步的很多人和團體，最重要是用簡單直接的方式發掘社會問題和需要，然後用一貫的量化方法讓社會大眾了解問題或需要有多廣泛，繼而爭取更多政策措施、服務、及資源，去改善社會民生。舉例來說，東涌有很多少數族裔，他們無論在就業、醫療、教育、房屋等重要生活領域都有很多困難。相關的公共服務，雖然是向全社會開放，但每當少數族裔人士使用這些公共服務的時候，就會發現有重重障礙。這些障礙不容易消弭，但只要投入資源還是相對容易處理的。

文化、網絡
與社區營造

9

然而，有些問題未必能簡單解決，因為那些所謂問題，往往隱沒在日常的
生活過程中，有些深層的文化因素以更隱蔽的形式決定了少數族裔人士
在生活上可獲得的機會和資源。例如，我們遇過很多年輕少數族裔女性
選擇以幼兒教師為職業。表面上看，我們會以為她們終於可以擺脫上一
代的命運，不需要壓抑自己的事業發展期望、等待成為別人的妻子、母
親；又或者會以為她們可以選擇白領的工作，成為專業教師，無需局限
於勞力工作。誰不知，在這個所謂「選擇」的背後，仍然大有隱蔽的妥協
故事。事實上，在她們的家庭和社交網絡之中，他們都言傳着對職業選擇
的「文化共識」，確信社會上其他行業不會給予他們很多機會，那些有志
要成為律師、企業管理人員、或醫生的，往往出於現實的考量退而求其次，
說服自己選擇去修讀一個幼師課程，然後按部就班地成為幼師。換言之，
她們的某些期望、需要、對服務的需求、對資源的求索，在未被提出來的
時候，就已經消失於無形。在很多弱勢社群中，這些隱蔽的「文化共識」
構成的妥協故事，每天都在發揮作用，很多人因此就不相信自己可以有
不同的機會，因而構成了這些社群的生活困境。在整體物質生活較豐裕

的社會中，錯過這些故事有可能令我們錯判社會或社區問題，無助提升社群的生活幸福感。

人類學的民族誌（ethnography），可算是一種可以幫助我們了解像上述少數族裔那樣的文化共識，是如何透過知識、信念、行為、道德信條、習俗／習慣被社群文化建構出來，以至作為他們生活的依據或基礎。事實上，這種社群文化共識不能不算是一種生活中的文化「智慧」，因為可能曾經有無數像她們的少數族裔女性，以為只要接受教育、中文水平良好，再加上專業學歷和培訓，就可以像其他本地華人一樣，自由選擇進身不同行業，到真的萬事俱備只欠東風時，才發現原來這個城市一年365天中，只有一天是吹東風。可見，社群中的生活智慧，實在有它的實用道理，不能輕易否定。然而，關心社會發展的我們，有時很容易流於「離地」而不自覺，認為那是他們的認知或理解誤差、甚至是誤解，是這些誤解阻礙了他們的發展。顯而易見，這些年輕少數族裔女性對她們的「機會結構」，完全沒有誤解，因為無數個人、家庭、友儕的無數經歷都告訴她們，這個

社會真的不會給予她們很多機會，真的不能過份妄想可以像華人一般隨心所欲。換言之，隨着年月的社會生活經驗累積，社群的知識、文化和行為規律就會慢慢被建立出來，無論那看起來、聽起來有多不合理，只要進入他們的社會生活世界，就會發現那是活生生的實況。民族誌方法正是希望以這一種理解的立場，認識社群中的人是如何透過日常生活建構他們對人群、對社會、對世界的認知和理解，並以這些認知作為日常生活的指引。

理解固然重要，但一種不作為的理解，就接近要全盤接受所有合理和不合理的社會實況。例如，東涌人常常會批評東涌交通不便、沒有公共街市，小市民一般覺得自己無法改變現況，就會等待有天這些東西從天而降，他們對社區生活的認知和了解，就會像魔咒般永遠主宰着他們的命運。作為社會一份子，我們都無法接受他們不能獲得同樣的機會去發展自己和滿足自己的所需所想。因此，雖然人類學的民族誌方法，為一般社會調查研究開啟了一道文化大門，讓我們能了解社群文化如何構成他們

的生活，但對不合理的文化共識、生活習慣和方式、以至設施等，它傾向視若無睹，傳統人類學的民族誌引以為傲的「厚度描述」只着重對社群文化的理解，一些以探索傳統部落文化的人類學者，甚至認為部落文化不應受到外來干擾，無論他們的思想、信念、規則、習慣、行為在我們的眼中有多不合理，亦應予以尊重，不應插手干預。然而，隨着民族誌方法廣為使用在其他非傳統部落社會或社群，這種「尊重」和「不干預」原則就往往引發很大的社會爭議。例如，在香港這個大都會，我們仍然有圍村存在，他們有其固有的文化傳統，不少涉及性別平等的問題。作為我們這個城市中的一部份，到底我們是要尊重這些鄉村及其社群的文化和傳統，還是要按現代社會崇尚的價值或原則去教化及改變他們的思想呢？

若我們以倡議改革的目的去進行研究，傳統人類學民族誌方法的原則就有其局限性，因為我們的目的不光是去理解和尊重，而是希望藉民族誌去揭示一些文化觀念如何影響人的生活，當中有的可能是正面的影響，為人們在生活中遇到的各種不確定性提供啟示和指引，但同時也有可能

是負面的影響，宰制了他們的生活和發展的可能性。以倡議改革為目的民族誌方法，一方面可以追塑這些觀念的社會文化由來，了解人們的社會生活世界如何建構出這種觀念，同時尋找空間以政策或其他方法協助人們創造新的生活經驗，以至改變既有觀念和文化共識，製造空間和機會讓他們的命運有機會被扭轉。換言之，從一個社會文化環境去看另一個社群或社區的文化，一方面立足於對社群或社區文化的理解，另一方面與外在於該社群或社區的社會文化對照、比較、甚至碰撞，以期創造更大的空間，讓該社群或社區可以去實踐新的可能性。

社區生活民族誌：
社區文化認知與變革

隨着全球化推進，身處世界任何一個角落的人和社會都不時受着全球社會、經濟、政治、文化的影響，每一個人的社會生活已非單純受一城一國影響。有社會人類學家就按人類學的基本方法和原則，把研究放置在全球化這個社會文化大環境，看看它如何建構不同社會和人的生活習慣、思想和行為。那些全球化民族誌專家把文化觀念的生成扣連在全球化社會文化大環境，從而找出改變不同社群命運的策略或方法。這就開啟了我們團隊對民族誌的想像：全球化民族誌無疑有其特色，但在全球文化無孔不入的今天，或許更應注視的是人們日常生活的社區在建構社群生活文化的角色。特別在社會服務的專業範圍內，社會服務機構、社工或社區工作者較為注重的，既不是全球化社會文化大環境對其服務地區或社群的影響，甚至不是香港這個城市的文化如何建構、成就或制約不同社群；對於社會上較弱勢的、基層的社群，某一個小社區如何建構着這些社群的日常生活、思想、信念、規則、習慣、行為等，以致於影響了他們的發展和命運，可能更為重要。

營造東涌這個計劃，為我們提供了一個思考的土壤。對很多香港人而言，香港有少數社區與大部份的其他社區有較大的差異，人們會覺得那些社區與香港城市有點距離、甚至有點陌生。早年的天水圍，往往給人這種感覺，悲情社區生活面貌，不少人仍然歷歷在目。東涌或許也是那幾個少數社區的其中之一，除了地域上的距離外，在一般香港人的想像裏，東涌的社區特色好像也十分明顯地有異於其他社區，於是，我們團隊想到，這一個別樹一幟的社區，會不會可以編寫出一種獨特的民族誌？編寫一個傳統人類學的民族誌，更仔細的勾劃東涌社區生活的文化，當然可以讓其他香港人更了解這個社區，但那種遠距離的理解，未必有助消除我們與這個社區的距離感。可是，如果一下子把視線放到全球化如何建構東涌的社區和社群，即使不無相關性（特別東涌有一個連接世界的國際機場，可算是香港與世界接合的窗口社區），亦難免有點不着邊際。從香港整體城市社會發展的關切出發，並以東涌社區作為目標的關注場景（民族誌方法稱之為「田野」（Field）），編寫一個社區生活民族誌（Community Ethnography），可能對於東涌的居民及香港市民更有意義。

16

東涌：
一個有距離感的香港社區

東涌雖然未至於脫離香港城市的體系，但它總是給香港人一種距離感，我們沒有進行過科學化的調查，不知道這種距離感是否只是我們團隊的主觀認知，還是普遍香港人都有同樣感覺。事實上，東涌位處一個離島，在上世紀90年代之前，它與香港市區接近是完全隔離，一般市民都沒有需要到東涌去，若真的要去旅行或去寶蓮寺參拜，市民得要有忍耐六小時交通來回的意志，才可以去造訪一下。

上世紀80年代提出的新機場計劃，需要一個所謂「支援機場」的社區，東涌就被選中，其後便成為全香港第一個在離島區上建設的新市鎮。相對90年代之前，近20年它與香港市區的連接，當然緊密多了。雖然東涌不再是那個位於大嶼山後的隱蔽社區，市民甚至也不再視它為一個離島社區，但東涌與市區的道路連接，一直只靠一條青馬大橋，近年屯赤隧道通車，在大嶼山東西各有一道門可以通往市區，才讓這個全港最大的離島不至離市區太遠。

說東涌是個有距離感的香港社區，有其客觀基礎。首先，它是一個香港社區，環顧整個東涌社區面貌，它不是全然陌生。東涌有大型公共屋邨、有港鐵、有商場、有醫院，居民的衣食住行似乎都能照顧，跟香港很多社區有很多相似的地方。然而，在熟悉的社區輪廓中，我們又會看到不少獨特的社區佈置，如果仔細觀察，不難發現東涌在各種基本生活設施和配置上，似乎都有點不同。

- 住屋：東涌的公屋在佈局上與其他社區大有不同。首先，東涌位處離島區，雖然先前長洲和大澳曾經興建過公屋，但規模都是較小，而且大致上與市區比較隔絕，不少香港人甚至從不知道在長洲和大澳有公共屋邨。有港鐵連接的東涌屋邨，既不像大澳和長洲般與世隔絕，又不完全能擺脫一種孤島的味道。其次，在東涌社區建成之初，富東邨和逸東邨雖然在同一區，但總是好像兩個小社區一樣，居民有不一樣的背景、不一樣的生活，逸東邨就有如在孤島中的一個孤島，因此對社區也有不一樣的期望。曾經，開一條巴士線連接兩邨，是很多逸東

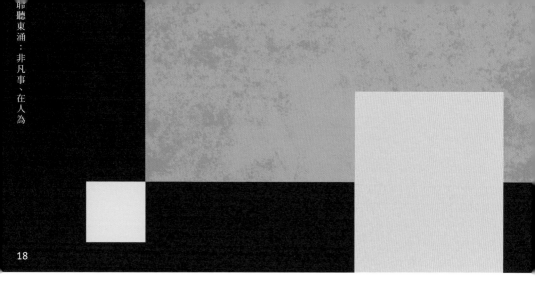

邨居民最平實的生活願望，在久久未能如願的時候，居民又發展出一種不同的生活形態和期望。後來在東面的新屋邨落成，它們與這兩個屋邨相隔更遠，一個東涌社區好像有着幾種的面貌。

當然，從歷史角色而言，富東邨和逸東邨的出現，完全是因為要興建赤鱲角機場，在那個玫瑰園計劃中，東涌早就定位為一個支援機場的社區，可算是全港獨一無二的社區。就像世界各地支援機場的社區（或者說是毗鄰機場的社區）一樣，雖然它像是把香港連接到世界的第一站，但來自世界的人又從來沒有真正把目光注視在它身上。

- 鐵路：東涌是一個港鐵可以直達的社區，但由青衣到東涌可算是全港最長的站距，雖然中途有一個欣澳站，但除了連接迪士尼樂園外，欣澳站也像一個孤島。東涌線與機場快線同軌，令這條鐵路有一種混雜性。在未合併成為現時的港鐵之前，東鐵線和西鐵線屬於九廣鐵路，兩線的列車自然有其特色。東涌線雖是地鐵的一部份，但它與其他地

鐵沿線有着明顯的分別，無論是列車外型、車廂、班次等，它都是截然不同。這些不同，每天都為香港市民及東涌居民提供文化材料去區分東涌和市區。

- 商場：東涌的商場中，富東邨那個商場跟很多領展商場一樣，但是東薈城商場跟市區的大型商場有明顯的分別：它是香港唯一名店outlet，置身於這個大型商場，你遇見的絕大部份都會是旅客，到底有多少東涌居民或香港市民會到商場內購物，我們不得而知，但這個商場的定位，似乎不是為本地人而設。疫情期間香港接近沒有旅客，進入東薈城，你就會發現那裏接近空無一人。

- 醫院：東涌的醫院，當然跟其他社區的醫院一樣是由醫院管理局負責管理，但對於很多香港人來說，或許並不知道它的存在，知道的相信亦不會知道北大嶼山醫院是屬於九龍西聯網，或許就算東涌居民，也未必知道他們原來身處九龍西聯網醫院之內。一般來說，市區的居民

都不會長途跋涉跑去北大嶼山醫院求醫，醫院的服務對象當然是當區居民為主，但作為一間服務偏遠地區居民的醫院，這家只有十年歷史的醫院，分科和服務其實並不全面，跟聯網內的其他醫院，仍然有一段距離。

上述只是採用典型香港社區的佈置來描述東涌與其他社區的差異、距離。當團隊進入東社區之後，就發現在這個東涌新市鎮外，原來還存在着村落社區，團隊分別發現了馬灣涌村及馬灣新村，它們鄰近東涌市中心，地理上不是真的很偏遠。我們這些居住在市區的香港人、甚至東涌區內的居民，或許從來都沒有意識到在東涌新市鎮成立之前，東涌本來是一個位於離島的村落，那時候的村落可能真的有點與世隔絕，但即使偏處一角，沒有現代化的發展，它仍然是一個有機的社區，是一代一代的居民把它慢慢營造起來。當大部份人以為東涌社區的生命源於玫瑰園計劃、機場時，這些在新市鎮邊緣的村落一隅，原來一直為這個社區提供着歷史文化養分。團隊中年輕的成員，也沒有想過在最初進入社區的時候，會發

現在這個現代化新市鎮的邊緣，竟然還存在着遠古村落足跡，而且它並不是以一種歷史痕跡的形式存在，雖然我們難以重塑在新市鎮出現之前這些村落的規模，但今天它仍然有機地運行着，村民某程度上仍然維持着他們的生活方式，村內的小舖、茶室仍然有人駐足。那種落村的生活和生命力，似乎仍然吸引了少數嚮往村落生活的年輕人落戶開小 cafe，但相比眼下龐大的東涌新市鎮，這些村落顯得微不足道。不過，隨着東涌新市鎮開發，村落的社區面貌，自然也難免沾染了香港主流社會的文化，適應轉變或許就是一個有機社區能夠生存的原因，例如現在的馬灣涌村有不少菜館、餐廳，明顯以旅客為目標消費群，成為一個像鯉魚門、西貢等的吃海鮮旅遊熱點。

「市區中心」
視覺下的距離感

除了客觀的社區面貌之外，我們與東涌社區的距離感，也有另一種的展現。自從東涌新市鎮成立，社會對這個社區的關注並不缺乏。雖然這些關注都是出於善意，而且都有其實證基礎，社會上不同持分者都希望可以找出社會的問題或需要，貢獻力量以期望為社區帶來更好的轉變。營造東涌這個項目，正好反映這一種對東涌社區的關注，基於客觀數據和社區觀察，我們指出東涌社區有幾個值得關注的社群和社區問題，其一是低收入和就業困難家庭或個人，其二是少數族裔的發展和生活共融，其三是社區設施不足的問題。這種對弱勢社區的關注，其實無可厚非。但正如上文所述，這種關注有時流於粗疏，以主流社區的生活視覺去看待東涌社區，常常就只會看到「缺乏」。團隊在這一兩年間，經常前往東涌社區作「田野考察」，家住市區的團隊成員容易會認為東涌社區十分「偏遠」，可是，團隊成員接觸的居民中，很多都不會着眼於「偏遠」，反而覺得這個「偏遠」社區空間很大和很寧靜，因此很喜歡這個社區。我們這些住在市區的人或許從來不曾意識到，「偏遠」一說，是以市區為中心的一種思維結構和說話方式。這種「市區中心」的思維，不是真的以地域界

分，更多是思維上的二元結構使然，因此，即使青衣的市民往來東涌不需十分鐘，但仍然會認為東涌偏遠。這種思維，容易忽略社區居民的不同生活經驗和角度。

市區人看到的需要，東涌社區居民或許也認同和親身感受到，但前者往往只着眼於如何可以快捷地提供和滿足某一項具體需要，容易把他們置於一個較被動的、接受社會幫助的位置。早年當我們都關注逸東邨居民的交通問題時，我們都熱切希望開設巴士線連接逸東邨和富東邨。那無疑是一項重要的關切，並且是不少居民的真實需要。不過，正因為這些需要太明顯，我們很容易會忽視居民自己有面對生活困難的能力，這些能力往往能夠為社區注入新的元素，甚至成為東涌人值得驕傲的身分象徵。例如，在過去一段時間，每當我們與一些居民談東涌社區，就發現社區公共交通不便，但也因為這種缺乏，東涌居民變得很習慣走路，久而久之，他們在東涌的生活歷程、日常生活的風光、對地域距離的判斷等，跟市區那些半步都不願意多走的市民，就有很大的差異。東涌居民透過走路，切

實地走出一條屬於東涌的路，這些走路公民（walking citizens）透過走路參與改變社區生活的面貌，一方面揭示社區生活的新可能性，同時提高居民對社區的歸屬感。所謂營造社區，莫過於此，在資源缺乏之時，社區的居民會生產新的、別有洞天的資源。相反，光靠政府或其他持分者提供的服務或資源，即使能改善居民生活，有時又可能會埋沒了居民的創造力或參與空間，以致無法實現一些新的社區生活可能性。

我們無意把居民生活的困難浪漫化，相反，正如上文所述，在企圖以超然的市區中心視覺揭示社區問題和需要之前，我們希望透過社區生活民族誌，認識社區和居民的生活形態，如何面對、接受、甚至強化現實對他們的制約，卻又同時透過克服這些制約去滿足自身需要和解決問題，建構一個屬於他們的東涌社區。我們以社會人類學的角度出發，就是希望嘗試更深入地探索這個社區和社區內的人物、地點和事件，發掘社區的人文特色、生活形態、社區空間的佈置、社區活動背後的文化體系，一方面

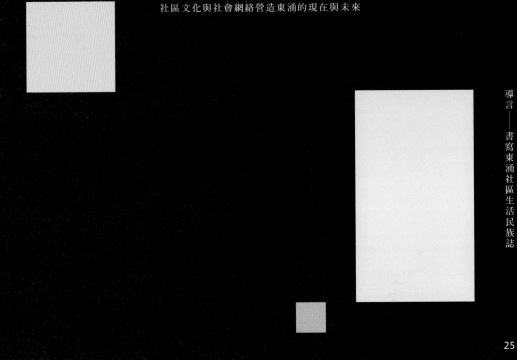

看看社區文化如何構成居民和他們的生活，另一方面也檢視居民又是如何參與建立和改造一個獨特的東涌社區。

克服距離：
孕育文化、編織網絡、創造希望

雖然我們說東涌是一個有距離感的社區，但是它的大門一直都打開，而且它在各方面的設置，還是給我們不少熟悉的感覺，就像在全球化的文獻中，經常提及一些連鎖品牌如何為置身異地的某國某城居民提供安全感。團隊乘巴士、鐵路進入社區、到便利店或熟悉的商舖購買早餐、往福利機構探訪參觀或參與活動，所有都是我們熟悉不過的社區設置、規律、品牌、文字、符號。

然而，在團隊進入社區之初，成員都感到很迷失，我們難以忘記有多少個早上、下午、甚至黃昏，我們在東涌街頭遊蕩良久，仍沒有找到任何可以與社區接觸的連接口。客觀而言，東涌社區從來不是封閉的，我們的迷失，更多可能是一種在高度城市化社會生活的一種迷失，無數社會學的論述都曾經具體地描述城市如何一方面把人群集中起來，同時每個個體又與其他人十分疏離，每人都保持一種抽離，習慣了「孤獨地在人群中」的生活狀態，或冷眼旁觀在身邊經過的人，要一下子放下在城市生活中習以為常的自我防護機制，向陌生人打開自己，殊不容易。

在茫無頭緒之際，我們只能依靠一些熟悉社區持分者。有一段時間，我們
確信那些在區內提供社會服務的非政府機構，就是我們最實在的社區連
接口。然而，事情又並非如我們想像中簡單，夥伴機構的主管和同事們，
當然都樂意安排我們到他們的服務單位參與活動、觀察和與服務使用者
傾談，可是，在現代社會中，任何一個正規的機構（包括我們自身的機
構），都不會任由一個外來的人在服務單位內四處遊走，打擾職員或服務
使用者。機構對來自社聯的我們，還是有着基本的信任，但我們也必須按
部就班地配合機構，除了要把來意具體說清楚，還要按機構和單位的規
則辦事，一切事情和活動，都必須經過規劃、安排，妥善管理才可以進行。
這些管理安排，我們一點不陌生，只是被制度化和結構化了的人際交往，
總在有意無意之間重複生產着人與人之間的距離。我們大概不會意識到，
在我們的生活場景中無時無刻都遇到這種人際距離。意識不到，不是我
們特別麻木。試想想，我們無時無刻都在與別人互動、對話，而且因為都
按照規矩行事，沒有很多爭執，互動、對話都十分和諧，甚至我們會以夥

伴相稱，不斷在對話中強調溝通非常重要，卻其實各自都沒有向別人透露半點經歷和情感。

或許，無論對於我們、夥伴機構、社區內其他持分者、或居民而言，生活在現代化的香港社會或社區內，有一種距離既是無法真正克服、也其實無須真正克服的。在我們進入東涌社區的這段時間，我們見到和聽到很多人和事，無論是我們自己，抑或是我們遇見的機構、居民，各自都努力去排除生活和工作中的困難，不斷嘗試克服距離、跨越各種阻隔，持續與人、與社區保持一種溝通、對話、互動、參與，有時可以創造出獨特的社區文化，又有時建立了社區支援網絡。漸漸地，他們認同和相信自己這個東涌人的身分、並以此為傲，相信街坊鄰里之間的社區網絡可以成為生活上的依靠，而因此讓居民看到希望，相信自己和社區的未來。

TRUST TRUST

MYSELF MYSELF

TRUST MYSELF

文化資產

相信自己

用腳骨力煉成的東涌人和社區

書寫東涌社區，我們一直的目標都是從個人的生活經歷出發，找一些在社區內生活的普通人物，看他們在參與營造東涌的過程中，如何說東涌的故事，又如何藉參與豐富東涌的社區故事。不過，從進入社區開始，我們就發現，有些東西是很多營造東涌參與者、甚至不少東涌居民都共同引述的經驗和論述。之前已提過，東涌社區既像一般的香港社區，卻又有其獨特之處。書寫東涌社區生活民族誌是記錄「文化或文明，從其廣義的人類學意義上來說，是一個複雜的整體，包括知識、信仰、藝術、道德、法律習俗以及人類作為社會成員所獲得的任何其他能力和習慣。(Culture or Civilization, taken in its wide ethnographic sense, is that complex whole which includes knowledge, belief, art, morals, law custom, and any other capabilities and habits acquired by man as a member of society.[1,2])」。也就是去描述和分辨出一個與別不同的群體文化。哪有甚麼是在東涌社區裏生活的人共同擁有的習慣、思想、行為呢？

我們發現，其中一項東涌人的重點秘技，必定是「行路」。

1 Tylor, E.B. (1871). *Primitive Culture: Researches into the Development of Mythology, Philosophy, Religion, Language, Art, and Custom.* Third American Edition, 1889 ed. 2 vols. Vol. 1. New York: Holt.

2 Risjord, M. (2007). *Ethnography and culture.* In Philosophy of anthropology and sociology (pp. 399-428). North-Holland.

行路：
東涌文化標記、社區資產

行路，肯定是東涌人的一個重要文化標記。「去逸東邨使咩搭車呀！」這句說話源於東涌地圖研究所第一次社區考察，目的地是馬灣涌碼頭。當時，我們相約在逸東商場等候，計劃由商場出發步行至碼頭。對於我們這些區外人來說，由區外乘車到東涌地鐵站下車後，很自然便會轉乘大嶼山巴士到逸東邨吧。幾經轉折，我們到達了逸東邨，見到阿韻和其他參與者已在等候，阿韻聽我們說如何轉車來到逸東邨，便驚訝怎麼我們會乘巴士來而不是行路過來。

阿韻這麼一說，我們也對自己的選擇質疑起來，一度懷疑從東涌地鐵站到逸東邨其實是不是一個很短的距離，令乘車這個選擇變得很不合理。還是，其實有一條只有東涌居民才知道的捷徑。習慣了在交通快捷的香港都市生活，或許大部份人對於地域距離都沒有確切的掌握，就像我們（及大部份區外人）都對東涌地鐵站和逸東邨之間的距離沒有真實的概念。我們不禁查看 google map，地圖顯示兩者之間步行距離其實是 2.2

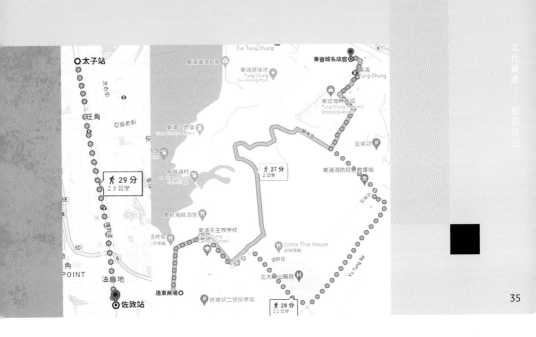

公里，這好像有了多一點概念，卻又好像也沒有任何更多的掌握。阿韻說這句話時，相信也沒有實際掌握數字上的距離，她對於距離的掌握，完全是由一種常常倚靠行路的生活經驗構成的。

交通匱乏塑造東涌人
對距離的認知和感覺

對我們來說，2.2公里到底是甚麼樣的經驗呢？我們就想到，那好比由太子站經彌敦道走到佐敦站（2.3公里），由此路進，對於居住在市區的人來說，那個距離難說是很近，可是對阿韻來說，仍然是一個可以、甚至應該步行的距離。「搭一次車要幾蚊嫁喎，行路唔係好遠嫁炸，行下個人咪暖啲。」把「行路」說成是東涌社區的文化標記，或許過於文青，甚至浪漫化了像阿韻這些基層市民的生活困難。東涌居民是老老實實地在一個相對缺乏交通配套的地區生活，對很多居民來說，這也可算是一種生活上的困難，資源不足、配套不足，唯有用腳行出一條路來。

3. 房屋署統計組(二) (2022年
12月)。《房屋委員會公共租
住房屋人口及住戶報告》。
香港：房屋委員會。https://
www.housingauthority.gov.
hk/tc/common/pdf/about-us/
publications-and-statistics/
PopulationReport.pdf

有關區內交通配套的問題，與其用文字描述，不如用圖片說話，這是我第一次到滿東邨看到的場景：

乍看這條像無盡頭的人龍，全都是在等候39M巴士、準備由滿東邨前往東涌站巴士總站的居民。載滿乘客的巴士駛離車站後，仍看見有市民排隊等待下一班巴士。在營造東涌計劃進行的期間，我們聽到很多參加者說東涌區內交通配套不足。以滿東邨為例，滿東邨居民數目多達11,500人[3]，卻只有一條39M線接駁至東涌市中心。不僅路線數量少，實際班次亦疏落，不少居民寧願以行路的方式代替等候巴士的時間，畢竟自己行路時間盡在自己掌握中，付款乘車反而變得不甚可靠，與其信賴一個不太完善的系統，不如靠自己行一條新的生活路徑出來。

走路公民：
行出一條東涌路

所以，從阿韻的語氣、神情，她都是很有自信地說，完全沒有那種因為生活匱乏覺得有半點自卑自憐。當日氣溫十多度，走路的確也應該很舒服，誰知她常走的路，不是圖中藍色點點的那條平路，而是灰色的那條山路。我們一望下去，途程是較短，但那是要上山下坡的山路。阿韻繼續說服我們說，那其實不辛苦，只需十幾分鐘。畢竟，阿韻平日習慣「通山走」，行路四處去很自然亦很方便，只是習慣於交通方便的都市人，真的跟不上她的生活習慣。

別以為只有阿韻才喜歡行路，東涌地圖研究所的成員無一不以行路為社區生活中的重要依靠。Umair 就向我們透露，他閒時會從東涌社區步行到機場、Aarti 飯後經常在海濱長廊散步、Bowie 不時會和朋友步行到馬灣涌碼頭吃糖水、阿詩會由滿東邨走到逸東邨買菜。以我們自己的生活經驗為指標，在這個缺乏配套的社區內，或許新遷進東涌社區的居民總不會說很喜歡行路，更多可能是「被迫」喜歡走路，只是慢慢地融入了社區生活，建立了新的習慣，漸漸就對於行路產生了一份感情，看見阿韻的神

情，同時對我們選擇乘車不行路作出的「挑戰」，我們甚至覺得她對行路的能力有點自豪。「行路」對她來說，不是甚麼東涌社區文化標記，她向我們介紹了一種東涌社區生活的資產，就是那一點「腳骨力」。

學者Rubin M. Leblanc 在其著作Bicycle Citizens: The Political World of the Japanese Housewife 提出了一個Bicycle Citizenship的概念，她講述在日本社會中，以的士（taxi）出入的男性天天大談政治，好像只有他們才懂得政治世界及對其的認知，女性就被視為對政治世界毫無認識的一群。LeBlanc 發現，以單車代步的日本女性，騎着單車到市場去、當義工去、往合作社去購物等，她們不單有其參與和認知的政治世界，而且看到的是一個更具義意、更近民情的政治世界。東涌居民習慣行路，他們參與和認知的東涌社區，事實上也有其獨特性，在某種意義上，「行出來」的東涌社區真的是別有洞天。當初進入東涌這個社區之前，我們曾google「東涌好去處」，想了解東涌有甚麼有趣的地方，搜尋結果不外乎都是「馬灣涌碼頭」、「侯王廟」、「東涌炮台」等。我們本來以為住在

東涌的居民必定會覺得很無聊，因為東涌好像沒有太多娛樂場所、沒有卡拉OK店、沒有網吧或機舖、沒有派對房間、亦不能「掃街」或走進一間「打卡Café」度日。及後到我們認識更多居民，也跟他們「行得多」了，就發現不少東涌居民見到的，跟我們有所不同。雖然，我們偶爾會聽到居民以「東涌好雜」、「有黑社會同走私活動」等形容東涌，但他們見到的不單是社區缺乏了甚麼，也有足下經過的很多自然景致，不少居民都感到自豪。在疫情期間，這個足下的東涌社區，正是因為有大量自然環境因而不失娛樂去處的一個地方，是擁有強大腳骨力的東涌居民一種無價的娛樂、一種不確定中的安慰。

以前活動後我們會問參加者：「你係咪搭車返屋企啊？」現在我們會問他們：「你係咪行返屋企啊？」經過一年東涌人的訓練後，我們的腳骨力也加強了，再也不覺得由東涌地鐵站經山路行去逸東邨有多困難了。

買餸社團：
食物沙漠中的綠洲

聆聽東湧，非社區．在人為

自從進入東涌社區，其中一個最令人印象深刻的時刻，就是跟東涌三位媽媽們的一段討論。在社區地圖活動中，一眾參加者分別記錄區內最常去和最不會去的地方。一如所料，媽媽最常去的地方就是街市。不過，我們留意到在地圖上用星星貼紙標示着的買餸地方，不是三位媽媽們居住的地點。住滿東邨的阿韻和阿詩，兩個都表示不會去滿東街市，反而到逸東邨買餸；住富東邨的阿May，她的選擇包括富東街市和到外區購物。

文化資產——相信自己

天天上演的
東涌買餸挑戰賽

43

我們之所以對此印象深刻，是因為沒有想過家庭主婦買餸不是在自己的屋邨內，而是要走到其他屋邨、甚至其他地區。我們團隊中有成員家住紅磡，很習慣到附近的超市購物，走遠一點有紅磡街市，街市附近還有大量小店和檔販選擇。不論是食物或服務，我們對於自己居住的社區能供應各種食物，都習以為常。在那次討論後，我們常常在不同場合都聽到她們及其他社區人士談及在東涌區買餸的經歷，每次都能衝擊到自己對生活一些既有的想法，我們沒有想過買餸是一個集體規劃的跨區行動、凌晨三四時起床、並且要乘坐交通工具的旅程。有時，她們的故事會令我們想到有個「挑戰賽」節目，參加組合拿着小量金錢從歐洲去亞洲。東涌居民的買餸經歷也像是一個挑戰賽，而且不是一生參與一次，而是日常生活。當我們對自己社區的食物供應習以為常時，這些媽媽們習以為常的卻是這項每天都要參加的買餸挑戰賽。

作為食物沙漠的
東涌社區

44

常常掛在東涌居民口邊說最缺乏的社區設施，其中一項重中
之重就是街市。「缺乏」也是我們一直對問題的認知。資料顯
示，以往政府以人口數目為興建公眾街市的準則，但因應超
市增加和街市經營能力下降的考慮，食物及衛生局和食物環
境衛生署在2007年進行政策檢討，在考慮興建街市時，加入
社區需要、食物供應市場狀況（如私人街市、周圍一帶新鮮
糧食零售店的數目等）、及居民對小店或小販的意見等考慮
因素[1]。因此，東涌跟大部份第三代新市鎮（1980年後建成）
一樣[2]，到2022年底時還沒有一個公營街市，只有四個交由
領展和萬有（宏集策劃有限公司）外判管理的私營街市[3]。早
於2018年，施政報告已經宣佈落實在東涌興建公眾街市，並
完成了選址研究[4]。由於計劃需時，政府決定先興建一個臨時
街市，可惜臨時街市一直延遲落成，有一直關心街市的阿韻
對將啟用的公營街市也不抱期望。最後，東涌第一個公營街
市東日街市，終於在2023年3月在富東街誕生。街市共有36

1 香港規劃標準與準則 https://
www.pland.gov.hk/pland_tc/
tech_doc/hkpsg/full/pdf/ch6.
pdf

2 東涌、天水圍、將軍澳等等

3 東日街市（前稱東涌臨時街
市）其後於2023年3月24日開幕

4 https://www.policyaddress.
gov.hk/2018/chi/policy_ch06.
html

個攤檔，有新鮮肉類、蔬果、熟食等等。我們以為這個遲來了的街市，應該迎來問題解決的一天，對於長期需要跨區買餸的居民來說，也應該見到曙光了。

豈料我們的買餸達人阿詩說：「我會照樣出其他區買餸！」首先，從她家滿東邨到東日街市的步行距離是22分鐘，乘車到街市附近的富東邨要排長龍。其次，「東日街市海鮮雖然平，但唔會日日食，日日食嘅菜同肉同東涌其他街市差唔多，貴同無得揀都係原因啦。（問：咁你去邊區？）元朗、屯門、大圍，樓下有咩車就上咩車，因為班次太疏了。」這不是阿詩一個人的意見，阿韻和May都十分認同，如非買海產，其他蔬菜、瓜果類等，出市區買可以平4-5成！這就說明了，在東涌這個較偏遠的地區，把買餸難的問題等同「缺乏」街市，並沒有看到這群媽媽心目中那一籃子的複雜關切，當中既包括物價和選擇，也跟人口與交通配套等問題環環相扣。

根據東涌社區發展陣線的2022年物價調查，區內私營街市有11項食材價格比荃灣公眾街市貴，價格差距最大的食材是豬扒，東涌的平均售價為每磅$20，荃灣的街市則平均售價為每磅$13，兩者相差44%[5]。富東街市更加是區中最貴[6]。這三個精明的媽媽及一眾區內的主婦，自然不會輕易讓自己一家被貴價食物市場支配，區內既然沒有平、靚、正餸，那就跨區去買。

5 https://www.hk01.com/18區新聞/794689/調查指天水圍及東涌街市私營物價貴-組織促加快興建公營街市?utm_source=01webshare&utm_medium=referral

6 https://www.hk01.com/18區新聞/584574/團體公佈12個街市物價調查---文睇清邊個最平邊個貴兼少選擇?utm_source=01webshare&utm_medium=referral

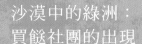

沙漠中的綠洲：
買餸社團的出現

阿詩作為家庭主婦，平日送了兒子上幼稚園後的幾個小時，便是她獨處的時間，可以趁機買餸、食早餐、做家務等。討論東涌街市買餸時，除了像很多東涌人一樣慨嘆缺乏街市外，阿詩簡潔地分享了她的買餸秘笈，當中有三個重要元素，重中之重是「有朋友」，令大家有更大的能力「夠早」起床、有能力走得「夠遠」。

營造東涌計劃撮合了這幾個媽媽，加上阿詩一直參與的那個媽媽群組，不時會發起清晨買水果的行動。凌晨三四時，媽媽們會拖着小推車乘車出油麻地果欄。曾經聽過這個說法，要體驗香港人為生活努力拼搏的精神，就應該感受一下凌晨的果欄。大部份人呼呼入睡時，果欄就開始活躍起來。大批新鮮的水果一箱箱運到，「夠早」起床的買家就能有最多選擇，新鮮不在話下，這裏的水果比零售便宜多。阿詩和一眾東涌街坊朋友買走的各類水果以箱計，回東涌後跟各位媽媽「分贓」。出動去買的是幾個媽媽，成果卻可以給十多個家庭分享，這些家庭晚上便可以享用到又新

鮮又平的水果了。購物行動完畢,返回東涌,一班媽媽就繼續她們的日常生活程序,剛好夠時間吃個早餐,然後就帶小孩子上學。

May 跟我們分享,同一包鹽在深水埗買 $2 一包,東涌就要 $3-4 一包。有閒情逸致時她會到果欄買水果。不過 May 已屆退休年齡,女兒已經長大,所以時間上比較充裕。她會早上十時多到果欄,雖然最新鮮的已經被挑走,但是普遍質素不錯,價格仍比東涌便宜。除了果欄,May 還會一人到深水埗買餸。少數怕長計,先前提到的一包鹽,May 會一次過買五包,已經比東涌買相同份量的鹽平 $5。能存放的乾貨,她會大批買。跟其他媽媽的分別是 May 喜歡自己一個人,跨區買餸也可以是 me time 的好時光。

她們愈講愈興奮，我們雖然能感受這種有如挑戰賽的刺激感，但光聽到這種行程和作息就覺得真是「chur」死了。可是，她們願意 chur 完一次又一次，除了想節省金錢，多少是因為享受與一群街坊的去市區購物的旅程吧。整箱水果買回來，少一點朋友也銷不去，同時，沒有這些社區同伴也不夠力搬那麼多東西回去東涌。我們當然從來沒有想過，在這個物質充裕的社會，有些社區仍然需要勞師動眾才可以求得可以負擔的食物，這些經驗既令人感到無奈，又令人感到希望，因為這些社區居民擁有的潛在能量，確實是營造社區的重要資產。

49

社區網絡關係
締造平靚正食材

除了關心物價，這些媽媽對買餸還有很多期望。阿韻表示，在疫症期間滿東街市沒有跟政府措施寬減租金，引起租戶投訴。「滿東街市出過事，我買開嘅檔都執晒了。」近一兩年，租戶續約時被瘋狂加租，檔主們做不下去[7]，紛紛離場。商販經常改變，令居民難以和販商建立社區關係，對他們來說總是有點不踏實，以前住葵青的阿韻覺得滿東難以找到以前街市那種人情味，現在滿東街市比以往冷清。阿韻寧可走十多分鐘到逸東街市，逸東街市的檔販相對較為穩定，很多都容許客人試食，不少東涌人就是喜歡這種親切感。阿詩也表示認同，雖然那裏價錢較貴，但至少感覺實在。阿詩搬到東涌前住在大圍，搬入後也會抽時間到大圍買餸，也是因為與檔販的一種社區關係和信任，阿詩直言會被「搵笨」，試過相信店主幫她揀水果（四個一包），買到3爛1靚水果。同樣地，富東街市雖然貴，但對 May 來說是滿滿的感情，她依然喜歡在富東街市買餸。「我住咗喺裕東苑十幾年，搬入嚟嘅時候連機場都

7 昇哥直播滿東邨街市疑多收逾六位數租金一租戶與外判商談判 https://channelchk.com/嘮動新聞/昇哥直播滿東邨街市疑多收逾六位數租金-租戶與外判商談判

未起好。」其他人形容 May 是東涌開荒牛，的確，她回想當年的生活，入
夜後要買支豉油都要乘車出青衣。「富東我買咗好多年，有感情㗎。我同
啲店主認得大家嘛，啲水果唔好食，我會落返去同佢講。」正正因為物價
貴，May 又着重食物質素，會更用心挑選餸菜。May 信任街市店主不會
騙她，所以對店主反映水果不夠好後，仍然會在同一店舖買水果（當然，
另一原因是區內沒有太多水果店可供選擇）。

對小市民來說，使用一分一毫，都要十分精明。有學者就描述某些剛起步
發展中的城鎮或某些偏遠低收入人士居住的區域為「食物沙漠」（food
desert），在這些地方，食物有點像沙漠中的水一樣，它是一些基本維生
物品，卻是極其罕有，以致於要珍而重之，只要找到一點一滴，使用時都
不容有失。食物沙漠，不是在絕對意義上缺乏食物，而是種種原因使居民
難以獲得食物，他們往往有需要付出極大的代價去獲取所需並且可負擔
的食物。東涌是否真的是一個「食物沙漠」，或許未有客觀指標能證實，
正在填海的東涌新市鎮擴展區將會於 2024 年迎來新一批東涌居民，預計

會有14多萬公屋居民入住，參考修訂前以人口作為興建街市考慮因素的香港規劃標準與準則[8]，標準訂明為每55至65戶家庭設有一個公眾街市檔位，或每10,000人設有約40至45個檔位，東日臨時街市的36個新攤檔，看來只能為不斷膨脹的東涌帶來極為輕微的幫助，難以成為他們沙漠中的綠洲。

8 香港規劃標準與準則https://www.pland.gov.hk/pland_tc/tech_doc/hkpsg/full/pdf/ch6.pdf

買餸社團生產的
經濟價值

不過，上述三位媽媽的買餸經歷，似乎卻找到一個更大和可持續的綠洲，我們沒有想過，解決食物沙漠的食物荒，原來是社區中像她們建立起來的「買餸社團」，既是居民之間的互助、集體規劃和行動去買餸，也是因着有熟悉的商販，可以信任他為你挑貨品、談天說地，對於她們來說，這種商販的信任，並不只是社工或文青們關注的文化資產，也不單是大家掛在口邊的人情味。試想想，如果像阿詩那樣，買四個水果有三個爛，那一個可吃的水果豈不是貴了四倍！我們說要營造社區，往往只想像那是一種社區人情味、社會支援，我們現在才發現，原來一個給營造好的社區，有這些社區關係和網絡，不單為居民提供社會支援，也幫助居民省了不少生活成本，正是活在這個食物沙漠中每一個居民的綠洲。

參考書目：

Cummins, S; MacIntyre, S
(2002). "'Food deserts'—
evidence and assumption in
health policy making".

鄒崇銘、黃英琦、梁志遠、龍
子維（2016）。《再造香港：
從社會創新到參與規劃》

建構「街場」、
造就青年

營造東涌的夥伴機構凝動香港體育基金有一個願景，就是「體育造就青年」，我們本來不太能具體想像那是甚麼意思，到我們在東涌籃球「街場」認識了幾個年青球員、並聆聽他們的經歷後，我們就有所啟發。

街場：熱愛籃球的青年
建構出來的「社區場合」

的確，一個籃球場地能令喜歡籃球的青年聚集參與體育，但真正令籃球
體育造就青年的，不是體育或體育場地，而是社區內的青年一起把這項
運動或一個球場變成了「街場」。我們最初以為「街場」是一個場地，後
來我們發現，「街場」更像是一個場合、一個由青年構成的社區場合，造
就了一個又一個東涌青年。

記得第一次和球員們見面，就是在凝動香港體育基金舉辦的「邨 JUMP
迎新日」。看見他們功架十足，在球場上揮灑汗水的樣子，就知道他們
「食過下夜粥」。他們在場上有講有笑，問起才知道原來他們本來就認識
大家，因為大家都會在「街場」打籃球。東涌地區球隊富東戰神的 Kenny
（化名）說，他喜歡籃球，原因是籃球場是一個能給他很多回憶的地方：
「我自細住係東涌，細細個就會同爸爸一齊喺東涌三號籃球場打波」。童
年回憶以外，這個球場也是他和他在街場認識的朋友的社區聚腳點：「大
個之後又會同朋友一齊喺嗰度打，係我响東涌嘅『蒲點』。」街場，就是
一個「蒲點」，對 Kenny 來說，這個「蒲點」滿載着他和家人、朋友關係

的點點滴滴，也是讓Kenny在成長過程中尋找到成為職業籃球員的夢想，說街場造就Kenny，一點也不誇張。

從小穿梭不同籃球場的逸東狂獅教練AJ有一句精警的說話：「街場係一種娛樂，可以打得好開心，係用嚟同人social（建立社交）嘅。」這好像沒有甚麼值得特別強調，但在我們這個現代社會裏，除了家人之外，人和人的交往總是隔着一個中介人員，正是社會學家Anselm Strauss提到的中介者（mediators），我們雖然生活在同一社區，但漸漸失去了與別人直接溝通的能力。在東涌街場裏，無論是一班人還是一個人，你必須要勇敢地在球場直接大叫「跟隊」[1]，才可以加入比賽。

逸東狂獅佰亨十歲的時候從內地搬來東涌，人生路不熟又沒有朋友。後來，因着他對籃球的興趣，他嘗試一個人到街場

1 「跟隊」這種街場文化的意思是排隊比賽，當籃球場出現多於兩支球隊時，就必須要輪流比賽，只有勝利的隊伍才能留下跟下一隊球隊一較高下，而輪掉的隊伍就只能讓位給跟隊的隊伍，自己再重新排隊。逸東狂獅前隊員嘉駿形容東涌的街場有點像「猜皇帝」（「猜皇帝」是兒童遊戲的一種，玩法是首先從參加者中選出一人做「皇帝」，其他人則排隊，以「包」、「剪」、「揼」的形式輪流挑戰皇帝。贏了皇帝的人會成為新皇帝，繼續與其他人對戰，輪掉的人需要到隊尾重新排隊挑戰），有種成王敗寇的感覺。他說有很多人會在東涌街場打籃球，從中學生到中年人士都會參與，輪流在球場上一決高下。

2「甲一」即香港男子甲組一組
籃球聯賽，是香港最高級別的
男子籃球聯賽。

3 民坊（nd）。〈街場
復興〉。https://www.
peoplesplace.com.hk/people/
%E8%A1%97%E5%A0%B4%E
5%BE%A9%E8%88%88/

「跟隊」，起初有點尷尬，但慢慢地在街場認識了一群朋友，
建立起自己的生活圈子。同樣地，現在已經成為甲一籃球隊[2]
建龍飛馬的球員家傑也表示，在東涌街場經常遇到認識的人，
這些人都是在街場比賽後累積起來的一個社群，在街場比賽，
不論贏輸，大家都會互相交流聊天，漸漸地就會認識大家。
「街場文化」並非東涌獨有，「街場」這個詞語源於美國黑人
基層社會，他們的社區沒有正規籃球場，但籃球並不需要昂
貴裝備，只要有一個籃球便能互相切磋球技[3]，透過街場，他
們建構一個社區的場合：一個讓人和人能直接溝通的場合。

沒有社會中介的街場文化：
直接表達和溝通的能力

東涌「街場」跟隊的故事，讓我們想到在我們的日常生活中，既有的社區資源分配，是如何讓我們「避免」與其他有興趣使用資源的人直接溝通。在私人屋苑，可能有室內籃球場供住戶使用，住客只須向管理處登記訂場就可以。如果你更富有，有私人會所會籍，更加不需要跟隊。至於公共的籃球場，全都由康文處管理，普通市民只需要上網訂場，先到先得，連跟管理人員溝通也免了。這種 mediated 的生活，無疑是我們現代人認為有效分配有限資源的方式，你只要符合某種資格，就得到均等使用的機會。同時，為你提供服務的中介者只是受僱於此管理工作，跟打籃球無關，也跟你無任何社交關係，一買一賣的動作完成，大家老死不相往來，當中更不涉及任何情感[4]，因為所有規矩都是明文規定的，從而也避免了大量爭拗。爭拗之所以能避免，正因為使用者之間根本沒有接觸的機會，爭拗是避免了，溝通、結連的機會也同時沒有了。

4 當然我們服務業的僱主，會期望這些受僱提供服務的人可以販賣他們的真情感，正是社會學家Arlie Hochschild (1983) 提到的emotional labor。

東涌街場則展示出不一樣的社區文化風貌，佰亨說一個人去街場叫「跟隊」，要鼓起勇氣才能做到，這就已經造就了這麼一個有能力與其他陌生人溝通的青年。更何況，在街場跟隊，雖然沒有人把規則寫出來，但大家又會相信大家會按規矩執行，到真的有爭拗，大家就必須要直接對話，沒有服務人員提供仲裁服務，那確是會有爭執風險，但人與人之間有了直接接觸，又更有可能造就出一種社交和友誼出來。

街場也培養青年人敢於夢想、敢於表達自己，這又推動青年個人與社區的連繫。阿發是富東戰神的隊員，他以家傑為榜樣，目標成為甲一籃球員，「參加邨JUMP之前我已經喺街場見識過家傑嘅技術，好想超越佢，上年就跟咗朋友參加邨JUMP。」阿發在家傑身上除了學習到打籃球的技巧和戰術外，亦學到了做人的品格和修養。除了在街場認識了教練家傑外，阿發亦在街場認識了住在滿東邨的Alfred（化名），他們雖然未到交心狀態，但都會相約打籃球和玩遊戲機。Alfred以前住在灣仔、有在灣仔街場打籃

球經驗,他點出在東涌街場和灣仔街場的分別:「喺東涌能夠認識晒所有
喺街場打籃球嘅人;相反喺灣仔就冇咩特別,因為好多(區外)人都會
專誠去灣仔打籃球。」他覺得雖然在東涌街場上沒有太多機會與其他區
人士切磋球技,但同一社區內的籃球員可以利用籃球作為媒介和其他球
員交流,更能鞏固彼此的社區關係。

從街場走到社會、走到世界的青年人

5 Hartmann, D. (2003). The Sanctity of Sunday Football: Why Men Love Sports. *Contexts*, 2(4), 13–21. https://doi.org/10.1525/ctx.2003.2.4.13

聽起來,他們不只把街場籃球視為一種運動,它也是一種尋找自我、表達自我、培育自信、並與其他人直接連結的藝術,這在男性之間特別難能可貴。Douglas Hartmann[5]在分析美國男性喜歡體育的原因時提到:

"For many men, the love of sports goes back to childhood. Sports provided them, as young boys and teens, with a reason to get together, to engage with other boys (and men)… The most important thing was just being out there with the rest of the guys – being friends." (p.14-15)

和不同球員傾談的時候,發現他們都不約而同地過着相似的生活:上學、打籃球、健身、睡覺,聽看起來是一些苦悶而疲憊的活動,但對邨JUMP球員來說,那是他們共同的生活方

式。他們的生活圈子不局限在籃球場，而是延伸到其他地方。逸東狂獅的Chris（化名）跟我們說：「我啲朋友會去健身室做gym，聽佢哋講成日都會見到同一班人，佢哋會一路做gym一路傾計。」有一次，我和同事同一時間約見嘉駿和迎東破浪前球員豆豆，從未真正和豆豆交談過的嘉駿表示，很早之前已經見過豆豆，因為逸東狂獅和迎東破浪都是在同一個籃球場練習，在場地交接的時候都會看見豆豆的身影，加上豆豆就讀的學校在嘉駿住所的樓下，有時嘉駿從家中的窗外就會看到豆豆在學校練習排球。正因為來來去去都是同一班人，籃球員在街場都見過大家，因此平日在街上看見大家都會打招呼，真正地從街場走到街上。正如Matthew Charles Higgins[6]形容，籃球是：

6 Higgins, M.C. (2019). It is more than a game: an ethnography of communication treatment of resilience as a key element of basketball culture. (Master's thesis, University of New Mexico, United States of America) https://digitalrepository.unm.edu/cj_etds/118

63

"create particular ways of life, particular ways of thinking, and particular ways of acting, in other words, as culture." (p.5) (創造了一種獨特的生活、思考和行為模式,換句話說,是文化。)

古時有君子「以文會友」,東涌的青年籃球員則是「以球會友」,他們以籃球作為直接溝通的媒介,把一個普通的籃球場變成為一個街場 —— 一個在現代社會難能可貴的社區生活場合。東涌的球員們透過在街場互相交流學習,使東涌的青年培育出直接溝通能力,有信心面向社區,從社區和社群中得到力量,以致有能力走出社區、面向全社會。

隨波不逐流：平凡生活信仰　橋底神佛的「共容」

昂醒東涌　平凡事　吾人為

在我們進入東涌社區的較早階段，常常都會感到十分猶豫和迷惘，在一個陌生的社區漂泊，人找不到落腳處，心也像懸浮在半空。有時，我們只能在東涌街頭四處流連，看看有甚麼可以成為我們的倚靠。就有這麼的一天，我們經過東涌海濱走廊連接東堤灣畔的行人天橋，我們被以下畫面吸引，不禁駐足細看。

尋找心靈寄託 65

「這裏非常共融啊！」同事打趣地形容。倚着橋底石柱的，是一列大大小小的神像，在這社區小小一隅，竟屹立了各大宗教神聖，佛教、印度教、道教等等應有盡有。石柱和橋之間的小罅隙，更藏着宗教書籍、香、打火機、和各種拜祭物品，有些神像有被拜祭的痕跡。這裏不是寺廟，更不是宗教地方，只是一個走過也未必駐足的天橋底，為何放滿了各大宗教的神聖？

陪着我們的有印度裔的 Aarti，她拿起地上一個神像，就熱情地向我們解釋印度教的神明。地上一個全身灰色、頭上掛滿羽毛和各樣飾物、但樣子年輕的神，名字叫 Krishna（黑天），她說是印度教最主要的神明，代表着愛和慈悲。注目細看，地上有猴子臉和象臉神，具體名字我們聽不清楚。Aarti 像介紹朋友給我們認識般，繼續說着這些印度教神明的特性和祂們如何各司其職。我們問她怎麼看待這些神明竟然被放在橋底下、並與其他宗教神像混在一起，她說：「我們都不會丟棄神像，但有時逼不得已要

離開居住地，便會放下神像。」她又補充說：「有人走過可以拜祭，甚至他朝有其他有緣人，或許也能取走。」

傳統的人類學論述，都會把人類對宗教神明的膜拜，看成為人類社會建立文化共同體的一種方式，透過共同的偶像、儀式等，一個社群的人就能凝聚好。在東涌橋底這個滿天神佛的地方，我們看到這些神佛錯置地共處，想是不同背景的居民對不同神明的膜拜，背後可能是一個一個猶豫、迷惘、甚至無助的心，雖然共處在同一社區，心卻各有所想。無論是神明之間或相信不同神明的居民之間，到底怎能共處呢？ Aarti 口中的印度教神明，各有特色、各司其職，構成了一個統一的印度教信仰體系，但無神

論、一神論及多神論者的各派宗教共處，豈有想像中容易？聽 Aarti 的介紹，我們發現她對宗教的看法，跟我成長時認識的基督教，既相似又迥異。Aarti 相信眾神的存在，跟西方宗教一般認為自己相信的神是「唯一真神」，立場非常不同。「其實宗教都是平等的，雖然一般都會跟從自己家庭的宗教，但如果找到更適合自己的，便可以轉換。」Aarti 這樣說，又跟基督教義中的平等博愛很相似。當今世上，沒有比宗教更為敏感問題，我不能想像在那些有教派衝突的國度裏，能看到像我們眼前那滿天神佛共處的景致。

67

68

平凡、平靜的生活，
容得下人神的差異

在社區遊樂場，我們認識了另一個印度人 Lucy（化名）。那時，Lucy 初來
香港定居都不夠幾個月，對每個街角都充滿的好奇，但有一個地方，可以
讓 Lucy 幾天就花個半鐘頭路程來往，風雨不改，那是灣仔錫克廟。社區
遊樂場讓我們認識，也讓他有機會介紹他誠心相信的宗教。他帶我們到
錫克廟祈禱，並留在廟內吃飯，當時的錫克廟剛剛在 2022 年尾重建完成。
完全雪白的四層高建築，與旁邊一帶商業高樓、學校和醫院相映成趣。

如果只能用一個詞語形容錫克廟，那就是「平等」。正如錫克廟的大門，
不管你種族、地位、或性別，任何時候都會為你敞開。在祈禱房內，Lucy
教我們繞着頌經人走三圈，然後坐下默禱，離開時吃一口 Parshad ——一
個由牛油、糖和麵粉製的食物，不管男女老幼都接受同樣分量、代表公平
和祝福的食物。這種精神延伸至 Langar（食堂），那是廟裏提供免費膳
食的地方，大家一起坐在地上共膳，意味所有人平起平坐。我們進食時跟
一位在那裏工作的伯伯聊天，精通廣東話的他告訴我們，廟宇會讓無家
者居住和吃飯。除了宗教意義，這個地方亦擔當着社區會堂，賑濟有需要

的人群，有凝聚社區人的功能。我們不禁想到，在營造東涌這個計劃中，雖然有一些有宗教背景的NGO，服務的居民不少也是有明顯宗教背景，但在東涌社區中的教會，似乎就沒有太多被動員去凝聚和營造社區。在外國，營造社區的頭號持分者，教會必定是其中之一；但在這裏，宗教不是缺席，只是不在主家席。

我們一邊吃飯，Lucy一邊與我們分享自己對宗教的看法。「其實宗教都一樣平等，唯一重要的是能令自己內心平靜。」有一次，她經過中環St John's Cathedral，好奇入內靜坐，內心感到平靜，其後又點起了堂內蠟燭。我聽到後有點驚訝，一個錫克教徒去基督教地方參與崇拜，真的可以嗎？ Lucy對宗教的理解好像Aarti一般，只要心中有自己的神，即使身在其他教堂也可以敬拜。

在這些老老實實地居住在東涌的普通居民口中，無論多神論者還是一神論者，所有宗教都是平等，好像信仰不同的人走在一起，都不會有甚麼問

題。共融，就好像是那麼輕而易舉的事。那是東涌社區獨一無二嗎？還是這個務實的香港社會內各個社區的面貌。據說華富邨原來也有個神像山，經過華富邨沿瀑布灣公園的狹路，會發現斜坡上堆了8,000尊不同的神像。相傳華富邨曾經是亂葬崗，迷信的居民開始把神像放在海旁坐陣，其後神像越放越多，幾位居民沒有理會誰是真神假鬼，一律加以保養，遙拜神像、觀音像、耶穌像、和招財貓每日並排共存，一開始是為了安放神像和祈求保佑，後來變成一項有機的居民協作，這種自發的義舉，他們一做就做了差不多20年[1]。

或許，務實的香港社會，像有着一種「無為」地「共融」的基因。Henry 在訪問中重複說："I love HK about this"。東涌橋底下不同宗教共處，五味雜陳又「雜崩冷」的狀態，我們這些普通的香港華人就沒有想過，重視宗教的少數族裔竟然會如此接受和欣賞。Henry 是我們在東涌導賞團訓練時認識的

1 華富邨8,000神像坐鎮 關公耶穌薯片共存 管理員黃伯：乜教都信 I 香港01 https://www.hk01.com/article/62455?utm_source=01articlecopy&utm_medium=referral

東涌的多元共融（容）
宗教文化：信仰平凡生活

71

2 List of Madrassahs https://
www.islam.org.hk/eng/
E-Madrassah.asp

大學生，8 / 9歲從巴基斯坦來港。雖然，生活在香港的確有
機會因為膚色或語言差異被投以奇異目光，但按他的觀察："It
could be racism, but never islamophobia"， 在香港他從
來未試過因為信奉伊斯蘭教而影響自己的宗教自由和權利。
雖然香港只有3間清真寺Mosque，但他強調還有16間較小
型的伊斯蘭學校 Madrassah[2]。少數族裔宗教空間少，Henry
認為那與其說是宗教問題，不如說是香港的經濟文化問題。
香港寸金尺土，要找到安身住處已經夠難，宗教空間對務實
的香港人來說是有點奢侈。按Henry的說法，不同宗教能相
安無事的共處，或許不能說是共融，只是一種對搵錢謀生以
外的事漠不關心的態度。"Well it's a busy city"，Henry 覺
得香港人忙着工作和生活，沒有很多人會把宗教和靈性放在
priority。Henry說，巴基斯坦9成人同屬伊斯蘭教，但因為有
派別之分，它們之間經常有衝突，反觀香港的狀況，自己是打
從心底喜歡香港的宗教「共融」，比起整個國家信奉同一個宗

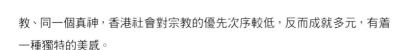

教、同一個真神,香港社會對宗教的優先次序較低,反而成就多元,有着一種獨特的美感。

寫作本文之前,以為幾位少數族裔會對缺乏宗教空間和歧視等大吐苦水,豈料他們卻清楚看到香港既低調又無處不再的宗教肌理,甚至欣賞這種宗教文化。廖迪生在香港和澳門研究天后時,發現台灣和其他督信媽祖的地區會追溯媽祖由福建一祖先廟到成「仙」為信仰的歷史,但到它傳至香港時就被在地化(localized),配合當時漁港的社會脈絡和習俗,甚至把名字變為「天后」,不少其他宗教傳到香港亦有同樣情況。香港是個無官方宗教信仰的地方,因此宗教能無處不在遍及社區每個角落,神明們都像香港人一樣能屈能伸,因應社區的需要而變化。香港有超過一半人口並無信教,但是香港下至橫街轉角處、路邊小廟,上至教育系統、社區組織和政治權力都跟宗教密不可分,甚至配合人們的迷信、風水和傳統習俗等等,形成一個香港獨有的nameless religion。Aarti、Lucy、Henry各有自己的信仰,但在東涌社區內生活、參與,從來都好像用不着

參考書目：

"Hong Kong - People &
Society. The World Factbook,
Central Intelligence Agency,
https://www.cia.gov/the-world-
factbook/countries/hong-
kong/.

Palmer, D.A., Tse, M.M.H. and
Colwell, C. (2019), Guanyin's
Limbo: Icons as Demi-Persons
and Dividuating Objects.
American Anthropologist,
121: 897-910. https://doi.
org/10.1111/aman.13317

Liu, T. (2003). A Nameless
but Active Religion: An
Anthropologist's View of Local
Religion in Hong Kong and
Macau. The China Quarterly,
174, 373–394. http://www.jstor.
org/stable/20058999

宗教，或許反而對參與社區、營造社區，建立共融更為益。把各自相信的神明放在橋底下，即使不能真的建立起一種「共融」，最少能真的實現一種「共容」作為社區共融背後的文化場景。

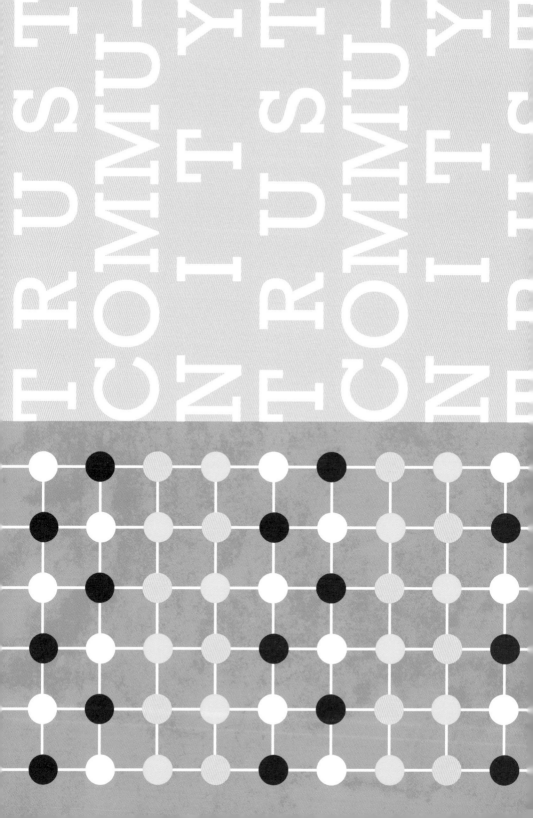

COMMUNITY

社區網絡
相信社群

平凡的人、物、事
成就獨特的社區

聆聽東涌，非凡事，在人為

還記得第一次在「涌」電動力社區嘉年華中遇到阿詩，當時她和小兒子
同學的母親，在嘉年華的社區遊樂場一旁坐着聊天，打算等待兒子們玩
累了就回家。我們則在等待期間，邀請她們填寫一份有關東涌的問卷。她
沒有很大戒心，爽快地就答應。在閒談間得知阿詩兩年前從大圍搬到東
涌滿東邨，經小兒子學校介紹認識了社區遊樂場。兒子非常喜歡遊樂場，
那天是她們第四次來遊樂場了。

營造設施、營造活動：
社區關係的生產

智樂兒童遊樂協會這個社區遊樂場，當然是一個不一樣的遊樂場，但對像阿詩這些家長和她的兒子來說，或許未必知道這個遊樂場和其他遊樂場的分別。不過，有一點可以肯定，自從第一次進入這個遊樂場，它不只是一個普通能滿足兒子遊樂需要的社區設施，更多是一個引領她進入社會關係及參與的一個通道，促進她和兒子的親子關係，也開啟她和社區其他人的關係，為她開發了新的社區生活。

我們常常聽到東涌居民表達社區設施不足，無論在公共服務、社會服務、硬件設施等，都好像有所缺乏。2023年4月，我們就在東涌社區舉行了一個社區需要評估，在20項社區需要中，邀請居民投票挑選他們認為這個社區的最大或最重要的需要。結果，兩項涉及社區設施的選項，成為了大贏家。在東涌社區內沒有任何遊樂設施可以讓阿詩帶兒子去玩樂嗎？東涌社區內沒有服務滿足居民的需要嗎？答案顯然是否定的。設施和服務或許不足，但不至於沒有，集中在供應或提社區設施和服務，它們就能把社區營造出來嗎？

信任，引領社區關係 的有機複製

有了設施或服務，雖然未必就能把社區營造好，但卻提供了機會讓社區的居民進行互動、交往和參與。阿詩也沒有想過參與社區遊樂場後，她竟成為東涌地圖研究所的研究員。正如之前所說，我們並非經夥伴機構同工的介紹而認識阿詩，只是在一個社區遊樂場透過一份問卷而打開話匣子。我們還記得那第一次的見面，我們就向阿詩提出要留下她的聯絡方式，好讓日後能通知她社區遊樂場的開幕日子。那一刻，社區遊樂場不單是一個社區設施或服務，更加是一個社會信任的標記：大概是因為我們像是社區遊樂場的職員或義工，阿詩才沒有戒心。阿詩最後也留下自己的電話號碼。那刻，或許她也不曾想過自己會這樣地參與着營造東涌社區、這樣地一直與我們交往。

及後，我們將社區遊樂場最新資料轉寄給阿詩，提示她下一次社區遊樂場的活動，我們希望可以再跟她見面。不過，她即時回應說：「唔得呀！要出去買嘢準備(小兒子)升小。」我們開始質疑自己是否對社區營造過份浪漫化。居民始終都有很多實際需要和事務，誰有空跟我們營造社區！

阿詩當然有她自己的生活作息,但她的參與並沒有停止。此時,社區地圖研究所項目開展,我們便開始邀請東涌居民,自然就想起阿詩。當初,我們並沒有信心能成功邀請阿詩加入成為社區地圖研究員。研究所既沒有吸引的獎品,需要投入的時間又長,我們又不是甚麼深交,她全無必要「給面子」來參與。不過,從社區遊樂場延伸出來的一點信任,還是有一種分量,我們大膽嘗試邀請,阿詩也沒有即時拒絕,她請我們提供確實的會面日期,再決定能否參與。最後,阿詩來了,加入了研究所,後來更成為了我們的中堅份子。社區地圖研究所隨即又成為一個新的場所,讓阿詩和其他居民認識更多人,開啟了更多她和社區其他居民關係的可能性。

當我們以為社區地圖研究所為阿詩提供了一個社會參與的機會時,才發現阿詩並不是一個一般的家庭主婦。在研究所啟動新的社區關係、以至成為一個社區網絡之前,原來她已經有自己的社區網絡和關係,她不但有參與義工活動,更是小兒子的幼稚園同學的媽媽群裏的中堅份子,每個月都總會有幾天特別忙碌。在舊的社區網絡和研究所這個新的社區網

絡之間，雖然完全沒有任何交往，但有阿詩這個普通的東涌居民，兩個網絡不就已經串連起來了嗎？這些潛在的連繫，或許某一刻並沒有被啟動，但在適當場合和時間，自然又可以為社區所用。

潛在的信任：
社區設施、社區文化符號、
社會身分

當然，一些新的社區關係或社區網絡，不是我們建立一個設施、推動一個服務或活動，就可以自然生成，社區地圖研究所只憑一份郵寄宣傳刊物，寄到全東涌的公屋和居屋屋邨去招募新參加者，怎能寄予太大期望？不過，有一些社區知名的項目、機構，或一些有信譽的企業、品牌，又或是一些社區上共通的願望，有時又真能夠動員有心人。就像Kale和Samuel，他們在收到刊物後主動聯絡我們，表示希望加入研究所。有人報名參與，我們受寵若驚，不敢相信這些社區內的「陌生人」會參與。到社區地圖研究所實地考察的那天，我們看見兩位文質彬彬的居民來到。Kale自我介紹，得知他是一位退休人士，從加拿大回流返港，現居東涌。他說自己對大嶼山的認識不多，剛好看見宣傳刊物，希望藉此認識多一點這個社區。Samuel則是一位大學生，營運着一個Instagram專頁，期望透過專頁連結東涌的中學生。在東涌居住並就讀城市研究的他，對東涌這個社區情有獨鍾，他希望來研究所一探究竟，也許能為地圖付出一分力。他們兩個人都像是社區內的一些游離個體，從來都是自己有自己的生活圈子，看上去跟阿詩這個家庭主婦找不到明顯的共通點，但社區

內的陌生人，往往純粹透過某些社區文化符號（包括服務品牌、人物、機構等）背後承載的潛在信任，然後藉地圖研究所活動，他們就會被連結起來。

研究所的任務，是一起參與製作社區地圖，這又有可能成為新的社區文化符號，又有可能持續地結連起社區內不同的居民。在這個新的社區網絡裏，他們又透過一些社區身分或生活共通點，找到一種更密切的社會連繫，大家互為影響、互相鼓勵，持續地參與社區內的各項活動和事務。這段期間，我們就常常在夥伴機構的活動、社區需要評估日、社區工作坊等，見到他們的蹤影。阿詩和 May 在研究所相遇，育有一名中二和一名小一兒子的阿詩，和有一名正在就讀大學的女兒的 May，因照顧子女的

話題開始聊起來。雖然子女的年齡有頗大的差距，但已為人母的兩位依然會就着自己的教育方針互相交流意見。說着說着又發現阿詩正在就讀僱員再培訓局中醫保健課程，阿詩不吝嗇地向大家分享自己上堂所學的中醫知識，引起May的興趣。隨着計劃的推行，兩人變得越來越熟絡，更有私下交換電話號碼。

同樣地，Samuel又遇到了背景和年齡相近的Bowie。Bowie現在可算是元老級研究員，因為他從第一次社區地圖研究所會面已經出席。可是，在整個過程中，他遇到不同的困難，我們都以為他會退出。社區地圖研究所一開始便有少數族裔居民參與，本來這個跨族裔組合可以令這個社區網絡更為文化多元，然而，在社區內的不同居民之間，有時總有一些問題和

83

困難，難以一時三刻可以克服。語言，便是其中一個問題。我們不得不向現實低頭，雖然沒有以族裔劃分，但我們把參與者分開了中文組和英文組。因會面時間關係，Bowie最終被編入英文組，但他未能以英語順暢地表達自己，表現得有點洩氣。後來，我們安排他加入中文組，但在組內他是唯一一位男生，亦是唯一一位大專生，好像和其他研究員未能產生很多共鳴。直到Samuel的加入，Bowie終於找到一個和自己一樣正在就讀大專的男生。縱然他們只是第一次見面，但就像一見如故般投契，Bowie亦表現得更積極。因着年齡和背景的相同，他們又找着大家，互相推動去營造這個東涌社區。

從前，我們以為一個社區缺乏服務和設施，趕快為他們提供所需就可以。有了社區遊樂場阿詩的兒子就有了玩樂去處，生活也就得到改善。但到這些設施都有了，就會發現服務和設施並不是社區最需要的，而是社區關係和網絡，於是就有很多學者和團體提出如社會資本的概念，把焦點

重新聚集在社區內人與人的連繫和網絡。在社區地圖研究所的經驗所見，真正把居民留下來的，正是成員之間的關係。我們發現關係越好，參與率便會越高。

社區有機共生：
尊重獨特、尋找共同

可是，這種人與人的關係、以至社會網絡的建立，其實也不能脫離每個人和家庭的獨特生活現實。就像阿詩或上述提及的居民，在他們的日常生活中，都有着各種物質或非物質需要，沒有誰真的為了「搞關係」而「搞關係」。留下來的人是有的，但更多人選擇不參與，也有參加者選擇中途退出。在營造社區時，有很多人會談論社會資本，但很少留意如Robert Putnam等社會資本專家，一方面歌頌社會資本，另一方面亦說明，這些社區關係和網絡，既不是必然，亦最好不是必然。我們要營造的，不是一個機械化的社區網絡，而是一個有機的社區網絡。如果因為我們覺得社區網絡很好，於是所有個人、家庭或團體都應該被社區網絡包圍着，居民之間、人和人之間就不再想去找尋彼此，嚴重者更可能要去迴避彼此。那些退出的居民、告假的居民、沒有自動報名參與的居民，不單是社區的一份子，他們的存在正反映那些能結成的社區網絡，確實彌足珍貴。

同樣地，雖然營造社區涉及社區關係和網絡的建立，但我們絕對不能忽略一些能滿足居民需要的設施和服務。在一年間，阿詩從「我咩都唔識㗎

喝」改變到「你真係有所不知啦，觀景山有條路落馬灣涌碼頭㗎」，從製作地圖開始建立起的這個社會網絡，確令她獲得了更大的力量。

不過，如果說製作社區地圖只是一個工具（means），真正的目的或結果（end）是凝聚一班居民，促成他們交往和互相溝通相處，從而彼此連結，那豈不是說阿詩和一眾參加製作社區地圖的居民，是被我們以東涌地圖研究所項目誤導進來？這又不是事實。

所有社區的人、物、事，或許都不是一個工具；正因為他們在參與（及不參與）的過程中都在向未來展開他們的生活、甚至生命，所以所有社區的人、物、事，在不同時候或許都是一個結果／目的。從社區遊樂場的設立，讓我們在那裏遇上阿詩，到阿詩與Kale、Samuel、Bowie和May等相遇，社區上的設施和服務提供了機會讓居民之間的社區關係能持續地發展，生產了不同社區網絡。這些社區關係和網絡，又不斷活化社區的設施和服務。現在，這些居民都成為我們的業餘居民導賞員，為社區不斷生

產新的能量和資產。他們每一個都是社區中有機的生命，有自己獨立的生活軌跡，社區上的個人或團體自有其意志，社區上的設施、地標、品牌也有其豐富的文化內涵，他們在不同的時候和場景，都在互相促導、影響和扣連。

參考書目：

Putnam, Robert (2000).
*Bowling Alone: The Collapse
and Revival of American
Community.*

社
區
網
絡
：
相
信
社
群

社區共融的載體：
少數族裔開設的
社區便利店

聆聽東涌：非凡事、在人為

平日在社區行走，總會與少數族裔擦身而過。在東涌社區，遇到少數族裔居民的頻率更高。雖然東涌是眾多新市鎮中人口最少的社區，但是區內南亞裔與華裔人口比例卻是香港平均的五倍。根據政府2021人口統計，離島區的少數族裔人口比例上是全港第二多（10.8%），僅次於油尖旺區（12.2%）[1]。離島區中以東涌的少數族裔最多（16.8%），即每六個東涌居民就有一位是少數族裔。在一個少數族裔人口比例較少的社區，有些人會託辭說難以事事照顧少數人口的利益，然而在東涌這個社區，少數族裔有相當高的「能見度」，原理上應該就不能託辭少數而忽視他們，可是在我們的觀察中，少數族裔在區內依然沒有受到很多重視。

1 Census and Statistics Department (2021) Thematic Report: Ethnic Minorities

無「視」或偏「見」：
少數族裔的社區能見度

對於少數族裔，不少本地華人居民會視而不見，也因為某些媒體的負面渲染，社區上不少人對少數族裔都敬而遠之，這些都是社會對少數族裔較為普遍的刻板印象。我們自問沒有對少數族裔人士有類似的偏見，作為營造東涌項目的一員，正在參與着區內少數族裔人士的服務工作，怎也不會對少數族裔視而不見吧。然而，這種為少數族裔提供「服務」或「支援」的取態，其實也值得反思：是的，我們沒有無視他們，都能看見他們，但在我們的意識或實務工作中的「他們」，常常都是以所謂「弱勢社群」的身分出現，「他們」是我們要服務或支援對象。著名學者 Edward Said 於其著作 Orientalism 提到，學術界或我們的社會有一種對亞、非、拉社會的文化視角，透過研究和社會論述生產出一種對這些社會和人種的固定刻板的認知，並成為學術研究的對象，在社會和文化研究中不斷被重複製造成為一種「他者」，以凸顯、甚至支撐着主流的我們及其視角的優越性。時至今日，在這個被社交媒體支配的生活世界，政治正確經常成為了我們生活的一項指導原則，人人都總會以至為正確的態度示人，巴不得以最快的速度表態，自己如何支持為少數族裔提供全面、適

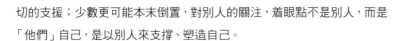

切的支援；少數更可能本末倒置，對別人的關注，着眼點不是別人，而是「他們」自己，是以別人來支撐、塑造自己。

在我們進入東涌社區之初，一直都打算從社福機構、學校等入手認識少數族裔居民，因為這是營造東涌計劃的焦點弱勢社群，但這些機構其實並不如想像中容易進入。相反，社區內最公共、最容易進入的場所，原來不是這些社福機構，而是一些商店。亦因此，我們就認識了由少數族裔開設的商店，不單讓我們有機會看到另一個非弱勢的「他們」，更讓我們看見另一種超越社會服務形式的社會共融項目可能性。

對少數族裔商店的
無「視」或偏「見」

2 外國稱這些主要由移民和少數族裔開的雜貨店為immigrant grocery stores或ethnic food stores，這裏引用Harman說法 "South Asian Stores"為南亞雜貨店

3 Shop Easy（東薈城交接藍天海岸的天橋上），Day and Night Store（馬灣新村），Bhavika Store（Sheraton酒店商場灣景薈Tbay），馬灣涌村的 Philippine store

正因為少數族裔人口的比例比其他社區高，在東涌社區內的南亞雜貨店（Grocery store）的數量也不少[2]。我們沒有作正式的統計，但我們團隊發現東涌不乏南亞裔人士開設的雜貨店，我們已知的有4間[3]，區內亦不乏由少數族裔開設的餐廳和各種生意。事實上，少數族裔在東涌社區的經濟系統中，不少也有相當角色，也是因為接觸到這些少數族裔的「老闆」，讓我們團隊對營造東涌這個項目、對少數族裔、以至對營造一個共融的社會有更多反思。

2022年8月我們首次到馬灣新村，當時步進村口便見到Day Night Store。那是一家方正的店舖，但店面照明不足，裏面排着又高又堆滿貨物的架子。那天，我們看見店內有幾家剛從內街錫克廟走過來的印度家庭，一邊跟店員聊天一邊購物，令這個本來狹小的店舖更為水洩不通。我們嘗試跟店員閒聊，換來的是她對我們這個不知道從何而來的人的「無視」，到最

後我們也無法跟她進行任何的對話。顯然我們是因為那是個「南亞雜貨店」，才吸引我們進入試圖和他們交談。事實上，你若走進像Day Night Store的店舖，你見到的總是外貌是南亞裔的店員，就很容易掉進一種先入為主認知，把Day Night Store視為南亞士多或雜貨店，這既是無可厚非，但又絕非沒有文化偏見。

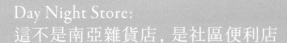

Day Night Store:
這不是南亞雜貨店，是社區便利店

往後的半年，我們的工作時有進展、時有挫折，我們不時都會走進村內。就有那麼的一次，我們進入 Day Night Store 時，面前的不再是那位曾經無視我們的女士。這一次的經歷，也跟上一次截然不同。那天，我們遇見一位年輕的少數族裔男生，名字叫 Harman，我們嘗試跟他閒聊幾句，他也樂意回話。聊了幾句後，我們「膽粗粗」提出要跟着他工作半天，深入了解他和這家我們當時仍然以為是「南亞雜貨店」的商舖。跟半年前那位女士的態度完全相反，他對我們這個外來人似乎沒有一點抗拒，對我們的要求亦沒有甚麼懷疑，就一口應承說：「好！」

Harman 是香港土生土長的居民，能說一口流利的廣東話。五年前從美孚搬到東涌，輾轉又從東涌市中心的屋邨搬到馬灣新村。現在，Harman 一家住在村屋，深深感受到當村居民的生活是何等「與世隔絕」，日常生活最受影響的莫過於購買食物和生活日用品，因為在我們現代社會規劃的新社區中，除了在社區市中心的商場或大型設施外，居民沒有其他地方可以選擇去購買這些東西。離 Harman 家最近的街市，位於逸東邨商場，

往商場的步行距離不少於15分鐘。多年來身受其苦的 Harman，了解到這個邊緣社區的需要，同時也可能是個商機，便跟家人和兩位朋友合資開設商店，嘗試做老闆，既滿足居民需要，又可以謀生。後來，Harman 一家把 Day Night Store 全部擁有權買下來，Day Night Store 正式成為 Harman 的家族生意。到他高中畢業後，他就全職投入業務營運。

逗留在那裏一個下午，有機會讓我們更近距離看 Day Night Store。這家店舖麻雀雖小、五臟俱全。除了印度版本的樂事 Masala 口味素食薯片、香料和傳統甜點外，還有港人至愛的維他檸檬茶、熱浪薯片等等。細看之下，從文具到糖米油鹽，以至新鮮蔬果，都可以在幾百呎的小小空間內找到。Day Night Store 貨品種類多，並非偶然，Harman 提到開始經營這

店時，家人提議只賣南亞食品，可是他卻堅持自己對店舖的市場定位：
一間社區便利店。只要是居民需要的，甚麼都要賣，因為自己的社區不只
是一個族群的社區。作為一個小老闆，Harman 看到這裏有不同的人、有
不同的需要，能滿足這些需要才能維持這家商店的營運，同時，也是維
持一種對這個社區居民的服務。誠然，東涌的南亞人口眾多，像 Harman
家人的想法一樣只做同鄉生意，或許也能維持，但他認為這樣做的話，
開便利店就沒有意思，一點也不 inclusive，他覺得：「無 inclusion 就唔
convenient 㗎啦。」

社區便利店：
角色重置的共融載體

關注多元共融的我們，自然對 Harman 提出 "Inclusion" 這個字，十分好奇。食物，其實沒有種族之分，糖米油鹽各家各族都有需要，作為社區便利店，售賣不同食物，就是社區 inclusion 的一種體現，這家便利店雖然是由少數族裔開設，但也可以和應該照顧社區內有食物需要的華人。當日短短 2 小時的對話中，我們已經觀察到有 2 位只跟他說廣東話的本地顧客、2 位貌似是香港人但說英文的顧客、2 位相信是尼泊爾朋友、1 位不知道族裔的非華裔光顧。除了顧客外，還有 3 位運貨的香港人。我們看見 Harman 不假思索地以各種語言跟他們溝通。Harman 跟我們說，相比起東涌其餘兩間印度人主理的南亞士多，Day Night Store 的華人顧客比例要高得多。

Day Night Store 體現的社會共融，跟傳統社福界中提倡社會主流應該照顧少數族裔需要的觀念，似乎沒有太大差異；可是，在 Harman 論述中的共融，照顧和被照顧的角色互換了，身為所謂 minority 的 Harman 身體力行照顧所謂「社會大多數」的需要，既顛覆了我們對少數族裔那種固有

的想像，同時把「我們」和「他們」的權力關係重置了，這向社福界提出了一個值得反思的課題：他們不只是被照顧、被支援、被服務的社群，也不一定需要我們的照顧、支援和服務，有很多時候，我們和他們都是互相照顧、互相支援。這其實也是營造東涌希望能夠做到的。

這一種對 Inclusion 的看法，似乎跟 Harman 的成長和家庭背景很有關係。Harman 是少數族裔在香港的第三代，不但自己在香港出世，母親也是在香港出生。母親一代的中文程度沒有兒子般高，廣東話亦不流利，也許就是因為這樣，她明白生活在香港社會，不能說中文很吃虧。到兒子這一代，能說流利中文的人數已經比上一代大大增加，就像會說一口流利廣東話的 Harman，20 歲便能成為家族生意主理人，他根本從不覺得作為少數族裔的自己屬於弱勢。他說：「我哋啲人（少數族裔）可能鍾意 comfortable。例如我哋好多人唔識中文，就覺得好多嘢都做唔到。咁可以去學呀。其實香港有好多機會。」

The stronger the community,
the better the business:
市場在推動社會共融的可能性

100

不知道是日子有功，還是 Harman 對市場有獨特的觸覺，他其實並不認為在這個社區內華人的選擇比少數族裔多很多。以他觀察，東涌地方雖然那麼大，但只有三間領展街市和一間公營街市，超市也只有幾間，比起外區少得多，在他生活的村落附近就更加不用說。正是因為這種對市場的認知，他就知道與其開設一間只有少數族裔光顧的南亞士多，不如把它定位為社區便利店，招呼全社區居民。他說得一點沒有錯，便利店之所以便利，是要能便利所有人，要照顧到不同人的各種需要，不限膚色、種族或其他差異，它才能生存，真正立足於市場。在與他傾談之前，我們真沒有想過，在某些情況下，原來「市場」也能發揮共融的社會功能。我們翻查經濟學始祖[4]，發現在古典經濟學的想像中，市場的確有其社會關係和組織的功能。Day Night Store 向我們展示了這種社會組織的可能性，在推動社會發展和共融方面，除了非政府機構、社會團體

4 Adam Smith, *The Theory of Moral Sentiments*.

外，在我們的社區內有很多在私人市場自然生成的店舖，它們其實默默
地串連起不同背景的社群，默默地營造社區，建立共融的生活圈。

從外觀看，Day Night Store 的裝潢有點「嚡耷」，偏偏客人好像絡繹
不絕。我們問 Harman 吸引客人的辦法，有兩個關鍵字經常出現，分別
是 Community 和 Advertising。我們不會想像一家商店的老闆，口口聲
聲說 community，聽上去真的以為他是社工。Advertising 令我們聯想
起登廣告，但原來他所謂的 advertising 也不是甚麼大型宣傳，在他口
中的 advertising，原來是社區朋友之間的口耳相傳，應該可以理解為我
們常說的「口碑」，只要有一位朋友成為熟客，朋友的朋友便會認識到
Day Night Store，如此類推。但朋友又來自那裏呢？ Harman 說："The
stronger the community, the more sales, the better the business"，
根據 Harman 說，Day Night Store 九成生意來源都是社區內的熟客，只
有一成來自外來的行山和單車客。華人和非華裔客人的比例大概是一半

一半。住在馬灣新村和附近村落的中國人、印度人、菲律賓人、南亞人，甚至是旁邊裕泰苑的住客，就是這個便利店的市場，同時也是他看到的社區。這個緊密又多元的Community，同時是維持Day Night Store的市場。

5 Gurudwara Nanak Darbar

營造社區：
商店作為社區的 Third Space

從 Harman 的描述中，我們發現他經營的 Day Night Store，有點像社會學家 Ray Oldenburg 提出的 Third Space 概念，社區的居民在家居與工作地點（也包括上課地點吧）以外的另一個聚集和結連的場所，只不過 Oldenburg 口中的 Third Space 多數是一些居民可以流連較長時間的地方，例如公園、文康設施、以至社區內的餐廳等，在這些設施內，階級、性別、宗教、種族等差異變得無關痛癢，大家以更平等的身分參與着物品的交易或生活經歷、甚至情感的交流。我們每次走進村裏，看到像 Day Night Store 的商店，都會問自己這個看似自然而成的社區 Third space，是怎樣出現？它與我們規劃出來的新市鎮當中的商舖有甚麼分別？又由甚麼持分者支撐着？他們有意識到自己也參與其中營造東涌社區嗎？

當然，Day Night Store 不是應有盡有，Harman 坦言自己有需要時也會幫襯其他商舖，當中有華人開的士多或者超市，也有一些設施是由少數族裔經營。除了 Day Night Store，馬灣新村內街有一間小型錫克廟[5]，周日會有信徒聚集和煮食。如果 Day Night Store 是一個社區 Third space，

在這小社區中的這些商舖，可算是形成了一個Third Space 的社區網絡，在全面地支援着居民的生活需要之餘，也維繫社區中不同社群和個體的關係。我們說營造社區，這不就是營造社區的典範嗎？

參考書目：

Matthew Yu, Shalini Mahtani.
(March 2023). *Ethnic Minorities in Tung Chung: Litle is Known about the Needs of the Ethnic Minority Families in Tung Chung.* Hong Kong: The Zubin Foundation.

Oldenburg, Ray (2000). *Celebrating the Third Place: Inspiring Stories about the "Great Good Places" at the Heart of Our Communities.* New York: Marlowe & Company.

Census and Statistics Department (2022). *2021 Population Census.* https://www.census2021.gov.hk/tc/index.html

社區網絡－－相信社群

社區生活能力培育：
社區參與的潛在
經濟和社會價值

106

阿韻是我們在東涌社區最早認識的幾位居民之一。那次，我們第一次到
「玩創遊戲谷」進行社區觀察，身處在這個陌生的社區，我們多少感到不
安，亦想像着未來該如何與這個社區和居民建立關係，了解他們的生活。
這一位百無聊賴的媽媽阿韻，坐在我們旁邊，頗滿足地看着兩個女兒在
玩耍。後來，我們慢慢聊了起來。那次的談話，最令我印象深刻的是阿韻
對東涌的正面評價：「東涌好好呀，又大又靜，雖然有啲雜」。那時，我
們不懂得應如何理解這種正面評價。

社區能力十年工：
鄰舍交響樂團員

後來，我們在其他活動中，常常都遇見阿韻，漸漸地她好像成為了我們在這個陌生社區的坐標，阿韻就像是一個交響樂團的團員，連繫着我們和這個東涌社區。我們後來更發現阿韻根本是這個樂團的模範參加者，無論是帶兩個女兒參與聖公會東涌綜合服務中心的玩創遊戲谷，還是後來成為社區遊樂場義工、加入聖公會的家長小組、參與東涌地圖研究所和成為社區導賞員，無論何時何地，幾乎有社區活動就會看到阿韻的身影。

深入了解阿韻的生活後，就明白模範社區參加者的背後，其實是源自無數個生活難關，然後透過居民自身的參與，把自己的社區能力提升，轉化為生活的能量去改善自己的生活。阿韻搬入東涌前，曾經住在山邊的寮屋區，每天從山邊走到乘車點，路程就需要45分鐘，到搬入東涌後，又深深感受到區內缺乏交通配套，一個萬多人居住的滿東邨，只有一條巴士線線接駁至東涌市中心，每10-20分鐘一班，不少居民寧願走路到市中心。經過每日走路半小時的訓練，阿韻雙腿幾乎走過東涌所有能走的

路，慢慢地從東涌走到大澳、梅窩、昂坪、大東山等等，走路成為她慢慢學會享受的時光。到我們推行東涌地圖研究所項目，阿韻就成為我們建立導賞團路線的得力助手。

鄰舍交響樂演奏：
一份力量、多重回響

不過，阿韻最突出的能力，不是腳骨力那麼簡單，而是一種活用社區資源的能力。疫症期間，阿韻的女兒們在家上學，當家人在家中感到困獸鬥時，阿韻就會帶女兒出門行山。透過行山，她一邊做運動，一邊散心。但這只是基本的意義。阿韻總會把這些活動給予更多意義，例如，她會把行山變成一項教育活動，好好利用地緣優勢讓女兒了解自然生態。

「我收入不高，但對生活亦有一定要求」，這是阿韻的生活條件和要求。阿韻一家四口靠丈夫作為地盤工人的薪金生活，也因此她習慣了發掘一些個人和社區上能獲得的免費資源，試圖用較低的成本過一種較高價值的生活。阿韻對兩個女兒的教育非常重視，她不希望家庭物質的缺乏成為女兒見識世界的阻礙，所以行山就可以成為了解自然生態的活動。在她心目中，簡單的義工服務可以有很多重價值。首先，參與義工活動是對女兒「身教」，其次，透過義務工作參與，她可以認識更多人，免費為自己和女兒增廣見聞。

參與聖公會東涌綜合服務中心的活動，阿韻和女兒可以以低成本參加各種郊遊。因為成為了玩創遊戲谷的義工，她參與宣傳自由玩樂的理念，也是對她自己能力的培養，女兒參與位於鄰舍輔導會的社區遊樂場，一方面是她們娛樂，另一方面也是考驗小朋友社交能力的培育場地。初來的小朋友，靜靜坐在一旁或只是跟父母玩耍，慢慢地有些小朋友在玩耍中互動，很快就交起朋友，還帶領其他小夥伴一起玩。阿韻表示，丈夫是一個衝動的人，遇到不合心意的事情就會有很大反應，她更覺得要學懂如何觀人於微。她參與做義工或社區活動，也希望能讓女兒在安全的環境下學懂如何與不同人士相處。

在遊樂場裏，我們很容易就認到阿韻的兩個女兒，因為她們的馬尾跟阿韻的綁法是一樣的。我們親眼看到，她們與其他小朋友自信地對話和投入玩耍，她們用心地利用紙皮和布建成小屋子，還指揮着其他小夥伴一起玩，好像看到兩個迷你阿韻在人群中穿梭，果然有其母必有其女兒呢。就是這樣，我們可以見到她們之間有一種親密的親子關係。

無論生活上有任何限制，阿韻總是相信「自己」能為家人提供最好的生活。有一次見面，阿韻透露正在為女兒物色青衣的中學。她認為東涌居民較「純、平和」，生活為主、成績其次，但市區的人生活較趕急和「功利」，經常要學習很多東西，例如樂器、運動班等，務求增值自己。阿韻覺得女

兒總不會一直待在東涌，於是就不得不花點心思去為女兒謀出路。其後，細女真的轉校到葵青區，女兒上學時，她就抽空回到東涌籌劃社區地圖。阿韻不時都會細訴葵青區的學校質素比較好，功課難度比起東涌的學校高得多。在東涌讀書的大女成績雖然名列前茅，但妹妹的功課比姐姐的還要深，因此，姐姐會發展出一種「唔想輸蝕」的心態，簡接也促進姐姐務求增值。透過安排女兒讀區外中學，走出東涌往外面的大世界看，阿韻希望可以藉此推動兩姊妹努力讀書。

不是有能力才參與，
是參與才有能力

阿韻和鄰居的關係本來不差，但疫情下她覺得大部份人都很怕病毒，平時會聊天的人現在要隔着閘門對話。後來，阿韻發現「病毒唔可怕，可怕嘅係焦慮和抑鬱」，她發現在強檢時大家都不願意出門，連鄰居都拒絕溝通，原因不單止是病毒，面對社區圍封、打針、檢測，病毒令社區居民之間起了警戒心，個人和家庭的隱私，有可能隨時要暴露於人前。阿韻卻選擇在排隊檢測時與周圍的居民聊天，因為既然已經走出來了，也就即管盡用那一個機會，對她來說，無論如何染疫風險增加已是無可避免，那就至少可以藉閒聊保持好心情，同時在聊天過程中，可以得到更多資訊，減少資訊混亂。在圍封後，雖然阿韻全家染疫了，但因她清醒的頭腦絲毫沒有受損，一家大小很快便康復，又繼續行山、做運動等。

當我們說某一個居民是參與社區的模範，好像在說他們比別人幸福，有很多時間和精力參與社區，說是參加「鄰舍交響樂團」更像是一種奢侈品。阿韻這個模範卻告訴我們，不是有幸福的生活才可以參與社區，相反，對於基層居民來說，參與社區才讓他們得到更幸福的生活。阿韻的生活

煩惱、擔心或難關有一大堆，個人未必有能力把這些問題一一解決，但與社區的結連為她創造了一種社區能力，為她創造出額外的經濟和社會價值，那怕家庭收入微薄，也能過着超額的生活質素和價值。阿韻努力地生活，無處不在的身影令她能得力於社區網絡和資源，以盛載她對家人和女兒的成長盼望。

虛擬與現實互動
的社區營造：
東涌小編的多元
社區參與

營造東涌計劃雖然強調居民參與，但在推動計劃時，仍然依靠參與的夥伴機構去籌備、規劃和執行各項服務或活動。因此，到策劃東涌地圖研究所時，我們滿懷理想地希望可以讓居民有更大主導權去規劃社區地圖，相信若不是以居民在社區的生活經驗為本，社區地圖的製作就容易變成充滿「刻板化」形象的社區描述（例如以為東涌就只有機場、昂坪360等）。

沒想到我們一起動就遇上困難，即使我們高舉居民自主參與旗幟，現實並不如我們想像般容易做到。到我們成功招募一些居民後，我們便發現社區內不同的人，對所謂有主導權或自主的社區參與，都有不同的想像和態度。想一想，若真的是由居民主導，又怎會有居民想到要起動這樣的一個活動？哪裏會用得着我們這些區外人去建立東涌地圖研究所？東涌地圖研究所的活動，讓我們意識到，或許有些居民有需要獨立自主地參與營造社區，但也有很多居民確實需要一些平台、機構去為他們提供參與橋樑。我們也認識了一些居民，既透過我們的研究所參與社區，又會以自己方式發展自己的參與路徑或平台。他們的故事，自然啟發我們注意

在依附於團體或機構參與社區以外，每一個有機個體的社區參與可以透過其他途徑自主地發展出來；但同時也令我們更深入地反思個體自主與社區群體的關係。社區是一個由多元有機個體組成的群體，所謂「依附」和「自主」，或許從來都不是相互排斥的。

自主個體組建的社群：
東涌學生資訊平台

118

在東涌地圖研究所的活動中，我們認識了 Samuel。熱愛觀察社區的他正修讀城市研究課程。在收到東涌地圖研究所的宣傳後，他就獨自報名參與。他形容自己是「膽粗粗」地報名，事前既沒有聽過營造東涌這項計劃，亦沒有參加過相關機構的活動。報名參與自己不甚了解的機構舉辦的社區活動，Samuel 對社區的興趣自然匪淺，但他形容自己「膽粗粗」，相信不光是因為對社區的興趣，更多可能是因為那不是他自己參與社區的慣常路徑。原來，Samuel 在 Instagram 創立了「東涌學生資訊平台（@student_tc）[1]」——一個志在連結東涌學生的線上專頁。

在逸東邨長大的 Samuel 像其他無數的東涌青年一樣，因為區內學校選擇少，從中學開始就要過着跨區上學的生活。東涌區內學生如要前往區外讀書，交通上花費的時間及金錢頗多，即使在東涌區內上學的學生，雖然時間和金錢可以省一

1 東涌學生資訊平台 @student_tc https://instagram.com/student_tc?igshid=MmJiY2I4NDBkZg==

社區網絡——相信社群

119

2 中大人資訊專頁 @cuhk_
infopage https://www.
instagram.com/cuhk_infopage/

3 「東涌逸東邨谷」、「東涌
友！」、「東涌居民關注組—
東涌東討論區」等。

點，但課餘活動的社區配套不足，區內自修室、運動場、娛樂設施等都不多，對學生們也構成很多不便。Samuel留意到兩種學生各有其難處，認為既然大家都生活在東涌這個社區，何不利用這一個共同的特點，連繫一眾本來互不相識學生互相幫助？不過，他並沒有想過要找區內社福團體協助，也沒有想過自己去成立一個實體的社區組織，當時剛入讀大學的Samuel，參考了由學長學姐營運的資訊專頁後[2]，利用他較慣常使用的途徑 —— 網上社交平台 —— 參與社區，為東涌學生做點事情。

記得我們進入社區前，曾在Facebook搜尋「東涌」二字，一個又一個和東涌有關的網絡群組出現在我們的眼前[3]。在這些網絡群組裏，我們看見的不止是管理員或個別成員單向的資訊發放，更有成員之間雙向的生活瑣事交流，甚至有成員會發起組團購物、一起上興趣班等等。Samuel這個東涌學生資

訊平台有甚麼？從區內各中學的開學時間表、校史冷知識，到東涌線延線未來的安排、新市鎮擴展項目詳情，都在平台 Instagram 的九宮格內，整理得井井有條。平台最受歡迎的，是 Samuel 親身到區內中學實地訪問學生的片段。片段內容涵蓋疫情下的校園生活，亦有東涌社區知識答問比賽等。每段片平均有四百多個讚好（like），亦有不少人留言標記（tag）自己的朋友，在平台上進行互動。有見畢業季節臨近，Samuel 也善用了社交媒體的力量，在平台把握機會收集教科書和過往試題等二手學習用品，再免費分發給有需要的學生。

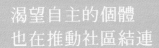

渴望自主的個體
也在推動社區結連

由資料整合、設計版面，到實地訪問、協調物資交換，東涌學生資訊平台的每則更新、每個動向，都由Samuel一手包辦。一個人自主地經營這樣一個網上社區平台，既耗時又無償，為何還會繼續？「其實冇諗咁多，搵唔到志同道合嘅人，可能真係得我一個人想做呢件事。由唔識拍片剪片到慢慢摸索，我覺得自己都成長緊。」Samuel知道區內有不少NGO提供的青少年服務，但他相信自己和社交媒體的力量；後來的實習生經驗，令他更切身地感受到機構行政可以很麻煩。他說：「自由對我嚟講都好重要。我有搞導賞團嘅諗法，係Instagram群組識到學生後，邊日得閒就可以直接出發，唔使理咁多。」

Samuel的經歷和態度，無疑對營造東涌這樣一個社區營造項目帶來了新的啟示。我們身處網絡時代，像Samuel一樣的年輕世代，更習慣於網上的社區參與模式，說營造社區，首先就不能忽視網絡世界的不同社群和社區的貢獻，以往當我們說起社區，我們總是想到地域實體，想到居住在鄰近地區的人，但在網絡時代，虛擬社群（virtual communities）在社區

營造上發揮的角色，不容忽視。人類學家 Daniel Miller 及 Heather Horst 指出，每次在數位研究分析使用「真實（real）」一詞時，都覺得自己在削弱數位人類學的工作，迷信過往沒有數碼文化的世界才是保存真實性的地方（a site of retained authenticity），而其實網絡世界有其不可取代的價值。

其次，像 Samuel 一樣的年輕世代之所以慣於網上參與，背後是有其對個人自由、自主參與的重視。Samuel 在東涌學生資訊平台沒有公開自己的名字，只是一直自稱為「小編」，以匿名的方式與學生們互動。平台專頁的多條街訪片段中，Samuel 亦總是以不同的貼圖遮蓋自己的樣貌，從未試過在鏡頭前以真面目示人。縱使未有在平台上露面，但 Samuel 最近在

某中學進行街訪時，不少學生認得出他的行動形式，知道他是東涌學生資訊平台的小編，因而蜂擁上前跟他合照。雖然Samuel自己從不出鏡，但受訪的學生卻鮮有要求有同等待遇，反而大多都願意被拍下自己回答問題的片段，並容許Samuel上載到Instagram供大眾觀看。Samuel和他的整個平台，大概是這些學生可以放下一些戒心、甚至信任的社區平台。因此，在營造社區促進社區結連時，我們不能忽視居民對自主參與是有一定的追求。任何社區參與，若涉及改變個人習以為常的獨立自主生活方式，居民也必然會考慮利害得失才會願意作更大的參與。

期望跟社區結連的個體

不過，作為數碼文化研究學者，Daniel Miller 及 Heather Horst 同時認為，「網絡世界」和「現實世界」並沒有一條清晰可見的界線，兩者非但不是楚河漢界，線上線下更加可以相互反饋；同時，「個體自主」與「社區結連」，也並非互相排斥。Samuel 的參與故事，其實更多印證這個說法。雖然選擇以互聯網作為建立平台的起點，但從走上街頭訪問到舉辦二手物品分享活動，都可見 Samuel 並不滿足於把自己關在虛擬世界中，相反，他也着重與學生在現實世界交流，他其實也在不斷尋求與人的接觸。

事實上，雖然 Samuel 常常把自由、自主看得很重，但他主動報名參與東涌地圖研究所，或多或少證明他對線下的社區參與也有期望。在研究所的會議上，我們看見的不是一個把自己關起來的青年人，相反，第一次見面他就跟其他參加者打成一片，過程中也積極參與。及後，他一直支持我們在東涌的工作，他沒有沉醉於網上世界，東涌社區投票日當天，他就隻身前來撐場，亦藉此社區接觸，他和我們團隊有深入交流，並因此成為

了社聯的短期實習生，參與着社聯的其他工作。又記得有一次，我們跟
Samuel 談起想寫一些東涌籃球員的故事，他二話不說就「拍心口」承諾
可以介紹在學的籃球員給我們認識。原來他的方法是直接在 Instagram
傳送信息（direct message）給曾經接受街訪的學生，叫他們穿針引線介
紹校內的籃球隊隊員。這樣直截了當卻又很高效率的尋人方式，把我和
同事都嚇倒了，亦詫異平台為 Samuel 帶來的廣闊人脈，這些人脈協助我
們在地的社區營造工作，而我們的社區營造工作，亦為網絡平台帶來內
容，作為交流、互助的養分。無論是參與東涌地圖研究所，又或是到社聯
實習，都反映 Samuel 並不至於抗拒透過機構去參與社區，只是，他同時
亦追求一定的自由度，不願被困在特定機構的框架之中，才會自行創立
平台。

虛擬與現實互動的
社區營造

東涌學生資訊平台正是透過網上社交媒體聚集關注，然後經過實體交流後，又再度移師網絡世界去延續已經建立起來的連繫。東涌新市鎮的擴展正如火如荼，與此同時線上東涌也在進一步發展，我們對社區的理解只會不斷被刷新、改變，而我們在社區的行動或參與亦然。無論是個人經營的新興社交平台，還是機構為本的傳統社福服務，是實地工作還是網絡活動，這些參與同樣寶貴，值得珍惜和持續發展。

作為在NGO內工作的人，我們不會否認傳統組織架構的確有其局限，但另一邊廂，我們也深明這些組織體制擁有豐富物質、智識和經驗的資源，要令營造社區的工作事半功倍，動員社區內多元而有機的各種資源和力量，至為重要。社區內既有線上或線下群組，當中有喜歡較自主、自由參與的個體，同樣也有喜歡參與團體作貢獻的居民，彼此之間的資源共享，更能營造多元和有動力的社區，為有需要的社區成員提供支援。社福機構可以是服務提供者，但亦可以發揮促導角色，協助撮合志同道合的夥伴，從而使更多人參與到社區的營造當中。

社區網絡————相信社群

127

參考書目：

Miller, Daniel & Horst, Heather
(2012). *Digital Anthropology*.
Routledge.

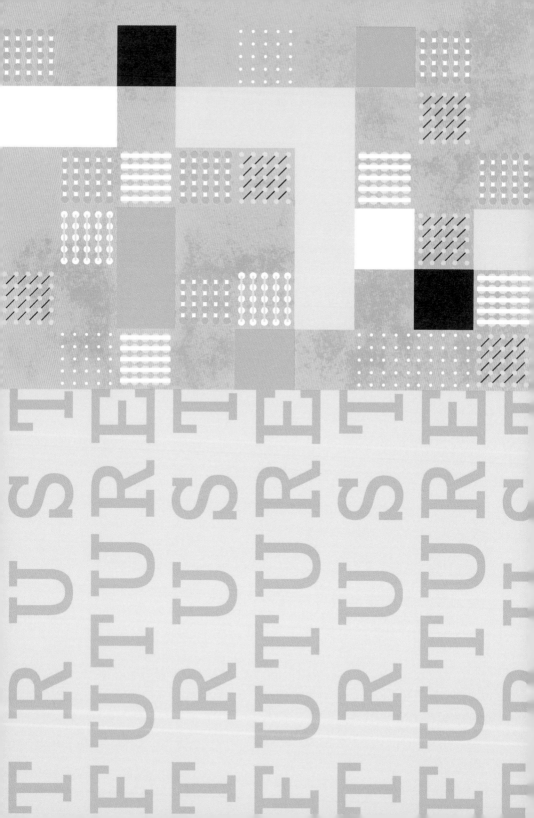

願景
相信未來

FUTURE

相信自己、
相信社群、
相信未來：
一個東涌人的
社區文化觀察

我們和 May 在聖公會東涌綜合服務中心認識，當時見她喜歡獨自參與活動，便跟她聊起來。機構活動經常依靠媽媽群組在 whatsapp 中互傳活動資訊，不過跟在社區中心常見的媽媽不同，May 卻喜歡獨來獨往。其後籌備社區地圖時，想起這位媽媽，就邀請她參與。雖然她已達退休年齡，但 May 總是跟我們說自己要「做嘢」，後來才知道，原來她是指義工服務。May 熱衷於社區活動，無論是北大嶼山醫院、模擬DSE放榜日、東涌健步行，都能見到她的身影。「平時做義工或者參與中心活動，我唔介意一大班人。不過行街，一個人舒服啲。有時我鍾意揀好耐，個朋友未必鍾意。」May 口中的「行街」，除了買餸，還有她的興趣暨 me time，就是逛舊區。

嚮往不一樣的社區

裕東苑的單位是May努力打拼的成果，回想當年選單位、搬入東涌、設計、裝修等過程，都是一個美好的回憶。她憶述1997年搬入東涌時，莫說社區設施，連機場和地鐵站都未有，只有一間便利店和一條通往青衣的巴士線。不過，在數個居屋選址中，她偏偏看中了東涌裕東苑。「外人聽見會認為我身處一片爛地，不過我好鍾情呢種寧靜。」May跟我細說當年入伙後的頭一兩個夜晚，走出裕東苑外面散步的情景：街燈暗淡，街上顯得蕭條，回看屋苑和旁邊的富東邨，能清晰地看到只有寥寥數家燈火，在一片黑暗中跟尚未被光污染的燦爛星空連成一體。

大家聊起東涌社區時，May分享在東涌她最喜歡的地方是「有歡樂的地方（樓下公園）」，而她最想去的地方是「舊區」。我們印象中社區的公園，一般人只會在往返家途中才會匆匆經過，長時間逗留的多是老人家，也有小孩子在遊玩。May對何謂有歡樂的地方，有她的獨特看法，她分享自己不喜歡太城市化的地方，與其逛一式一樣的屋邨商場，不如去買少

見少的香港舊區。May 形容自己「見到好多老人家都會好開心」，而多老人家的地方大多是舊區。恰巧我們經過天橋上一對正在觀看對岸機場風景的老夫妻。May 指一指前方說，「你睇吓，其實咁樣都好開心啦」，然後盞鬼地加一句「不過佢哋無凳坐係差啲嘅」。

雖然身處東涌，May 在空餘時間喜歡身體力行，走遍香港舊區，她踏遍粉嶺、上水、觀塘、香港仔等等。她曾經在觀塘舊區的一間茶餐廳用膳，坐下來總覺得有點格格不入。她說，茶餐廳內所有人，無論食客和員工都好像互相認識，他們互相溝通、對話，有時無須出聲就已經知道不同人的「例牌」order，這種社區人才有的默契，很容易就能夠凸顯她是區外人。她感受着別人的社區人情味，也感受自己身於外區的陌生感，既觀察別人

在熟悉感滿滿的社區生活，也維持着自己作為外人的角色，在那裏她沒有太多與人交流的空間，而彷彿也沒有甚麼特別交流的需要。

這樣寫着寫着，莫非 May 也是一個田野考察員，在舊區做 fieldwork 嗎？從搬入東涌至今，26 年飛快走過，May 看着東涌社區由寥寥數戶人居住，變成現今超過 15 個公私營屋苑地方，面對不斷的改變，May 仍然處之泰然，既過着日常社區居民的生活，卻又每天探索改變中的社區不同角落，參與社區、觀察社區。

我們在東涌舉辦社區導賞團，May 也是其中一位導賞員。有一次我們走上東涌觀景山，在山頂涼亭飽覽對岸的東涌、遠眺機場及其背後的群山，

133

May 跟我們說，眼下的景象跟 26 年前她身處的東涌有極大變化。活動後她告訴我：「依家東涌嘅發展的確令我有點失落，始終多了人同屏風樓。不過即使居住咁多年，我仍然不斷發掘緊東涌嘅風景。例如我第一次行觀景山，其實係因為參與咗東涌地圖研究所活動。」May 入伙後，東涌附近興建了迪士尼、機場、地鐵等等，這些都未必是她初時嚮往的寧靜社區，但這些轉變也正面地影響了漸漸年長的她。退休後，她似乎變得更外向、更喜歡了解新地方和新事物，經過多年見證社區的轉變，某程度上東涌社區給予她像家一樣的安全感。

跟社區合演一場芭蕾舞

這天May帶我們到其中一個她喜愛的舊區逛街 —— 油麻地。歲月痕跡和人流，使排檔外圍和店舖裝潢顯得既混亂又灰黃，但當我們步進果欄那細而窄長的小道，目光會被堆滿兩邊那五顏六色的生果吸引，使我們目不暇給。這個場面像城市研究者Jane Jacobs形容自己走在紐約曼哈頓街頭時的熱鬧景象，就像在行人路上跳芭蕾舞（Sidewalk ballet），當自己走過街上，身旁的陌生人擦肩而過，沒有聲音和對話，卻又在互動着，每天如是。每天行走在那一條熟悉的行人路，對社區的了解也潛而默化地加深，這些有聲或無聲的互動會變成一種有節奏活動，重複的互動就像舞步，人們走着走着，就變成芭蕾舞表演的一部份。油麻地果欄建築群一連16排檔，麻雀雖小，五臟俱全；水果檔主、送貨司機和顧客每天都上演着上貨落貨、叫賣、交易的芭蕾舞。陌生的、熟悉的，大家都參與建構這一場芭蕾舞表演。

我問May如何揀水果，她老派得來好有霸氣地說：「合眼緣就買」。May說喜歡自己先逛過一遍果欄，然後才到熟悉的那兩個檔販購物。我們還

未走近，May就認得出泰豐欄的檔主，一位頭髮灰白、但行動敏捷又聲如洪鐘的叔叔。May跟我們說，這個人很有趣，他常常跟街坊聊天，所以每次都會去找他買她要的水果，她甚至知道他的上班時間（周末來果欄會找不到他）。愛女心切的May，迅速挑兩個日本梨給女兒，再找檔主結帳，人流不多時，她會跟他「嗲多兩句」。

我們把這些交往看在眼裏，覺得他們即使不像家人，也像鄉里，但在我們細問之下，原來May不認識檔主叔叔，竟然連名字都不知道。原來，人的名字、身分、地位等，在社區的人際關係中其實沒有太大意義，原來信任是不需要這些，有些人你不需要知道他姓甚名誰，也願意跟他們說你自己的故事，甚至你穿的、吃的都可以交託給他們。May每次來果欄都會幫襯他，相信他可以挑最好的生果給她。我們捧着一袋袋水果離開時，May問我們：「你唔覺得好有人情味咩？我覺得咁樣幾開心。」她補充說，她不會在超市買水果，那裏不但價錢貴，而且沒有「人情味」。

營造社區營造愛
以建構未來

我們好奇這種「人情味」是甚麼一回事？是人與人之間的交流？雖然May口中說會隨緣地買水果，但她又似乎只會光顧那兩檔，那是一種隨緣還是一種人緣呢？曾經閱讀過一篇名字十分juicy文章，叫做Making Love in Supermarkets，那其實是一本關於購物文化的民族誌。在物質和消費主義越趨盛行的90年代英國，儘管購物看似是一種異化（alienable）的生活經驗，但貨物流動背後的脈絡，卻又似乎交織着很多人際之間的親密關係。為了女兒喜歡的水果，May就算走多遠都要去買；她在社區中培養的人情味，也同時滋潤家人、愛人的關係。有時，即使家人不喜歡蔬果，但出於健康考慮，還是會買回去，藉它們去為家人打造健康生活；當然，家庭主婦節儉持家，貨比三家才買，或挑特價貨品來買，省點錢可以買別的東西給家人。這一切一切，滿載着信任、關懷、思念，作者都歸類為愛（an act of making love），買一份水果背後是顯示深刻的愛，同時把異化的物品重新再脈絡化（recontextualize），轉化成人際間親密物品和行為。

在人來人往的油麻地果欄，有各種各樣的人際關係、貨品、人情味，令May喜歡在舊區逛街，她喜歡當舊區的outsider，但同時她又喜歡在東涌居住，以insider的身分與社區一同經歷各種轉變，即使當中並非所有都盡如她意，但她仍然喜歡這個東涌社區中新的和舊的特色。我突然明白為何May最喜歡到有歡樂的地方，其實無論是油麻地果欄、觀塘的茶餐廳、還是東涌家樓下的公園，重點都不在那地方，也不在於新或舊，而是人與人之間互動如何構成一個地方，在這個地方又做就個人、家庭和社區的願望和未來願景，持續令它成為一個有歡樂的地方。因此，或許根本沒有outsider-insider之間的分野，無論在區內或區外，May也是在社會和社區網絡中不斷編織着人際關係的一個insider，為社區的人和社群編織信任、網絡和人情味，也為社區建構一個有希望的未來。

被問到參與社區地圖的原因時，May 總是謙虛地說自己不夠了解社區。在東涌社區導賞團正日，我們從海濱走廊走到前往東涌山頂公園的長樓梯，其中一個拐彎能眺望遠處的裕東苑。May 清一清喉嚨並介紹自己：「大家好，我係居住呢度超過 26 年嘅 May，都算半個東涌地膽了！」她分享了居住東涌的感受，盼望來訪東涌的人可以善待這個美麗的社區。認識短短年半的 May 改變了不少，不再獨來獨往的她會主動跟參加者聊天，介紹東涌各種散步小徑。記得活動之初 May 認為自己不夠了解社區，直到現在已經自信地自稱東涌地膽，認同了元老級居民的地位呢。

參考書目：

Jacobs, Jane. The Death and
Life of Great American Cities
(Random House, 1961), 50–54.
https://www.plough.com/
en/topics/culture/literature/
sidewalk-ballet

Miller, D. (2004). Making
Love in Supermarkets. In The
Blackwell Cultural Economy
Reader (eds A. Amin and
N. Thrift). https://doi.org/
10.1002/9780470774274.ch14

社區抗逆力：
支撐東涌人的未來

從小到大，Umair對飛行都十分熱愛，這其實也不難理解，他的成長可算是被那機場跑道塑造，那裏曾經有無數風雨不改地逆風飛航的各式飛機起落。小時候，他就讀的小學校園位於東涌灣旁邊，Umair每天可以從課室看見這些飛機，它們從香港國際機場起起落落的節奏，好像一齣不會完的映畫，這齣映畫在東涌社區上演，乃源於80年代的香港機場核心計劃。那時候，政府對東涌的想像是個支援香港國際機場的社區，到底在東涌社區成長的居民，有多少心懷這個宏圖大計，我們不得而知，但身處國際機場旁邊，不少人的生活好像總是跟香港的建設和命運連上千絲萬縷的關係，引發起他們對未來生活無限的想像。

東涌的航空童夢

Umair是土生土長香港人，屬巴基斯坦裔，五歲就搬進逸東邨，當時東涌沒有太多高樓，彷彿走到哪裏都看得見機場。發展碼頭是他的favourite spot，在那裏漫步東涌海濱，能飽覽赤鱲角的景色和飛機升降的整個過程。每天看着這些畫面長大，Umair從不覺得重複或厭煩，反而逐漸灌溉心中萌芽的航空夢。有次跟着家人往返家鄉探親時，向機艙服務員說了自己的夢想：他要成為飛機師，他沒有想過職員真的把他帶到駕駛艙參觀。人生第一次進入駕駛艙，儀錶板上的每個按鈕，都令他看得入神，儘管過了十多年，當Umair跟我敍述這次經歷時，雙眼彷彿仍然在發光。一個一個暑假過去，到了他可以找兼職工作的年紀時，機場便成為Umair的首選；其後到了要思考升學的中六暑假，他毫不豫疑選擇了航空學（Aviation Studies）。

我們的社區或社會的某些東西，可以引發我們對未來願景的想像，但多少人兒時的願景，到最後也會因為各種原因、困難而未能成事。我們認識Umair時，香港正值新冠肺炎最嚴峻的時期，那時連出外吃飯和聚集見面

都面對重重障礙，我們有好一陣子只能用zoom對話。在那樣的處境下，旅遊業、航空業像一池死水，任何有志於航空業的人，心裏除了徬徨外，都不知道可以怎樣了，像Umair這樣一個航空學學生真不知道是否還要把航空作為未來發展目標。就像無數被逼留在家中的年輕人一樣，Umair在看似永無止境的zoom classes和在家工作安排中度過，自己成年的一刻也是在家中度過。

參與社區才看見未來

我們認識 Umair 時，他開始參與小彬紀念基金會（The Zubin Foundation）在東涌的社區活動，透過參與 Ethnic Minority Youth Community Leader 少數族裔領袖培訓，他在東涌社區探訪其他受疫情困擾的少數族裔家庭，給予抗疫物資及連結社區資源，在往後的一段日子，我們就不斷見到他在不同的活動出現，貢獻他的一分力量。不知道是否跟這些社區參與有關，總之，他有着我們不知道怎來的信心，覺得疫情很快就會過去，他想像到他畢業時，香港航空業就會復甦，正好就加入這個行業，達成自己從小就有的夢想。Umair 耐心地繼續 HKU Space 的航空學課程和在滙豐銀行的兼職工作，同時持續地參與各種活動和義工。

2022 年的暑假，他成為了「玩轉英文‧玩轉文化：『提早暑假』興趣班」的導師，教導班上華人和少數族裔的小朋友何謂種族共融，一邊學習雙語單字，一邊互相了解對方文化。不論種族和語言，小孩子總是對未來世界充滿幻想，而當你以為跟小孩子分享未來發展願景好讓他們看到未來時，原來這同樣會讓 Umair 自己更能看到未來。Umair 跟我們分享在活動

其中的一節課，那是有關小孩子升中學和未來的規劃。Umair跟他們談未來，小學生對於中學生可以在午膳時間出外午餐、可以自選科目以配合未來升學或就業打算，都顯得十分興奮，他們發現，除了在作文時寫「我的志願」中出現過的那些職業外，職業的想像原來可以那麼寬、那麼廣。平日在熒幕前「扭擰」又難以集中注意力的小學生，在導師Umair談到這些未來選擇時，全部目不轉睛地認真聆聽，Umair分享了自己想成為飛機師的夢想，同時享受着在銀行當客戶服務的工作。跟其他少數族裔導師一樣，他誠實地分享自己也不是全然肯定自己的選擇，但透過這些活動，他有機會在這些小生學的生命中發揮一點點影響力，對他自己和小孩子可能也是一種鼓舞。

我們總是對Umair對自己未來發展的自信感到不解，特別身處在大環境極為惡劣的情況下，他理想的行業正受到前所未有的挑戰，日後能否學以致用，根本誰都沒有底。我們想起在這段期間跟一些從事少數族裔的社工聊天，很多都認同在尋找工作和人生方向時，南亞裔的青年總是顯得比較

1 C.K. Kwan, Raees Begum
Baig & Kai Chung Lo (2018)
"Stressors and coping
strategies of ethnic minority
youth: Youth and mental health
pratitioners' perspectives"
Children and Youth Services
Review (Volume 88)

樂觀，有本港學者提出香港南亞裔的青年一般純品（"simple and uncomplicated"），即使他們日常面對更大的困難，但往往表現得更為樂觀（"optimistic despite the greater challenges they faced"[1]），我們不禁要問Umair是否也有這種樂觀情懷，他這樣回應我：「這是我個人想成就的事情，生活中的其他東西我就沒那麼確定了。（It's something that I've wanted to achieve, that's why I'm optimistic. For other things in life, I'm not always certain.）」Umair一邊分享自己的未來計劃，一邊不忘跟我們說他會選擇住在東涌，因為那是孕育他夢想的社區，那裏有支持他的家人和朋友。樂觀的他與他背後不明朗的大環境形成強大對比，亦襯托出一個由社區孕育出來追夢的少年。

社會抗逆力
成就東涌人

有一次我們和Umair一起在東涌發展碼頭閒逛，那是Umair首選的me time地點，因為能清楚看到對面機場飛機的升降。當時正值第五波疫情的高峰，也是航空業的冰河時期。雖然每隔幾分鐘仍會看到飛機徐徐起飛，但大部份只有離開，抵港的不多。雖然，這是一個誰人也無法預計未來的時代，但一個有凝聚力的社區有一種社會韌力，或可說是一種抗逆力，那既可是網絡、是一些人的一些鼓勵說話構成，也可以是為其他人的服務而體現，使每一個渺小的人、渺小的願望都能找到支撐，把社區上像Umair一樣對未來有願景的人燃點起來，有更大的能力奔向想要的未來。

願景 相信未來

社區歸屬感：
從付出中獲得的
社區親密

148

在營造東涌計劃後期的一個活動中，我們聽到一個關於東涌青年人對社區歸屬感的意見或觀察，令我們反思了很久：有很多東涌年青人自小搬入這個社區，其實對社區也有些歸屬感，但社區缺乏資源、設施和工作機會，如果這個社區沒甚麼把青年人留住，他們會跑出去城市較中心的地方發展和居住，這個社區就會失去這些年輕動力，東涌社區會變得更加空洞和邊緣。聽到這番說話，心中難免泛起一種悲涼的感覺，一方面社區不能留住居民令人嘆息，另一方面，我們又不禁嘆息這一種主流的現實價值觀：沒有物質供給，居民就會離開社區。歸屬感能買回來嗎？

跑來香港生活的少數族裔港人，相信最能體會因生活困難而離開熟悉地方、往其他地方去尋找更好生活的滋味。離開故鄉來港居住，或許對不少少數族裔來說，是一種不幸中的大幸，也沒有甚麼空間奢談歸屬感。不過，像Isaiah這樣在港土生土長的年輕少數族裔，感覺就複雜得多。

怪異中成長：
文化標記造成社會分隔

Isaiah 沒有直接參與營造東涌內任何一個活動，可是他是營造東涌計劃重要社區持分者的一員。Isaiah 五年前搬入東涌滿東邨，因着兄長的影響，Isaiah 參與少數族裔支援服務的活動，參與社區服務令他親身接觸到社會服務，亦啟蒙了他對「以人為本」的社會服務工作的興趣。我們認識他的時候，他剛完成了副學士學位，主修政治的他選擇加入鄰舍輔導會少數族裔支援服務中心（NAAC Touch）成為 Program Worker，開始了一個參與社區的歷程，無意中也成為他尋找歸屬的過程。

我們跟 Isaiah 聊天時，他回想起自己小時候明確感受到自己和其他土生土長的孩子有差異。有兩個時刻他特別難以忘懷。Isaiah 從小就覺得自己「有點怪」，小學時校內並沒有很多少數族裔同學，於是很快就意識到自己膚色跟別人不同。因為膚色的不同，他不時受到同學的欺凌，屬菲律賓裔的他，被同學取笑是「非洲」馬騮，他都不知道要怎樣回應。他記得當時學校對這些如此明顯的歧視，完全視若無睹，作為小學生的他，也沒有甚麼行動能力去改善自己的處境。

膚色只是其中一個區分他和別人的文化標記，作為少數族裔，他又意識到語言的差異。在香港，主流社會總覺得你的英語較好，但 Isaiah 記得升上英文中學的時候，除了要適應一個學習氣氛更嚴厲的校風，就是發現了自己說的英文其實不怎麼樣。因為從小到大都要克服或打破與別人的差異，他特別注意怎樣和不同膚色、文化和語言程度不同的人相處，漸漸地他就能說得一口流利的廣東話，到中學階段要說英文時，還加上一些廣東話口音。於是，英文說得不怎麼好；華語是說好了，但又好像沒有太多人把你當成像本地華人一般。

人文關懷：
因着付出而產生的
社區歸屬

到了今天，Isaiah 的英文和中文都已經沒有口音，主觀地也相當明確認清自己就是香港人。可是，這麼一個土生土長的香港人，原來不是你確認了，就能毫無障礙地、自然地被認可為香港人，Isaiah 仍然覺得自己怪。「你覺得自己怪在哪？」原來，已經不是語言和膚色的這些標記。今天，他覺得自己的社會價值觀跟主流有差異。「我不想再有人感受到自己經歷過的那些身分認同被狠狠重擊的瞬間了。但我在香港長大，慢慢發現主流的生活就是要我努力賺錢、買樓。我在想，如果香港人可以像重視財富一樣重視人文關懷，那會有多好？」

這樣聽他的故事，總好像他要花一輩子也無法找到一種真正的歸屬。特別對於土生土長的他，對自己族裔的歸屬感，或許未必像其父母輩般強；膚色、語言等又令這一代少數族裔難以完全找到對香港主流社會的歸屬。然後，自己的社會價值觀又與主流社會有重大差異。Isaiah 跟我們認識過的少數族裔一樣，沒有太多期望社群、社區或社會能給他甚麼以留住他們。我們發現他對社區或社會歸屬感，不是來自「獲取」，而是來自「付

出」。他回想起第一次發現自己熱愛社區工作，是疫情時期，他在社區派發物資包，雖然派的物資並不屬於自己，但看到有需要的家庭收到物資後，Isaiah 第一次覺得自己「真係做緊啲嘢」。他感激能夠受薪從事服務社區的工作，覺得這是一件很神奇的事。所以，即使現在已經離職，他還是會形容中心為 "My community center"，空餘時間亦會在中心做義工，跟職員朋友打邊爐，有時在社區走過還會被服務使用者認出。這個簡單的 "My" 字，就像是他一直夢寐以求的歸屬。

顧景　桐偉未來

在地但超越地域的
社區親密

153

身處東涌的時候，東涌人或許會對社區有很多不滿；有時，離開社區，反而會令人覺察自己對那裏的歸屬並非想像中那麼少。Isaiah 有天在中心看到少數族裔專業培訓計劃的宣傳，覺得自己也希望增進專業技能以服務社群，於是便報名一試，最後成功加入了計劃，在寫作這篇文章時，他剛好加入了香港基督教服務處元朗區青少年外展工作隊八個月的時間。生活世界遠離東涌一點，他就更清楚看見自己和社區的關係。「平日行東涌社區可能會聽到飛機聲，喺元朗會聽到鬧交聲。喺滿東村可能會聞到海水味，喺元朗就煙味多囉。」Isaiah 打趣比較着兩個社區。雖然只短短八個月時間，他確感受到社區是怎樣可以改變一個人。Isaiah 清晰地跟我們分析，元朗水邊圍邨跟逸東邨的分別，肉眼可見的是社區設計差異，反映新舊屋邨的變化；再深入一點，東涌大部分人都是中低階層的新居民，元朗就「咩人都有」，是一個更為成熟、有更多歷史的社區，社區文化環境不同、人口的差異，令元朗區內的年輕人比東涌的更高危。他說：「元朗真係改變人生。」

原來，社區的種種因素，足以改變一個青年的成長和人生抉擇。社區組成除了影響區內青年的成長，也改變着 Isaiah 對自身與社區和社會關係的理解。每天的三省吾身，令一直覺得無法以打工賺錢為人生主軸的他，有可以一輩子做社區工作的想法。他暫時沒有離開東涌社區的打算，但是稍為站遠一點看，那種距離反而令他更能看到自己的社區。人類學者 Michael Herzfeld 提出一個叫做 Cultural intimacy 的概念，主張歸屬感是超越地域的，它更多是一種政治和權力關係的產物，是取決於社區或社會內有獨特個性的個體或社群是否有能力參與與其他人一起生活。Isaiah 和像他一般獨特（他口中說的「怪」）的東涌社區居民，正是在參與過程中得到力量，被這種社區文化親密度「充權」了，說來是超越地域

的，但卻又不似完全脫離現實生活的社區。正是在 Isaiah 覺得自己「真係做緊啲嘢」的時候，漸漸地服務社區就成為了他的人生歸屬，同時也增加了他對自己居住和生活的社區（和社會）的一種歸屬感。

願景：相信未來

營造能造夢的社區

我們對樂靈的第一印象是：為甚麼他年紀輕輕就知道自己的人生目標和路向？樂靈跟我們分享自己夢想是成為一位幕前表演者，他閒時喜歡夾band唱歌，高中階段亦選修了香港演藝學院的戲劇應用學習課程。除此以外，他也活躍於學校的歌唱比賽和聖誕聯歡會表演。第一次聊天時，他分享了其中一次到迪士尼（作為東涌人，擁有全年通行證非常普遍，原來樂靈和朋友有空就會去迪士尼玩）看獅子王音樂劇的經驗。那次他被深深地震撼了，自此就對台上表演和戲劇產生濃厚興趣。迪士尼不只東涌（及其他區）兒童或青年玩樂的地方，那個在夢中才有的世界，原來也能啟發青年人去夢想。不過，我們曾經聽過一個夥伴機構說，東涌社區多年來缺乏表演場地，像樂靈那樣要盡展表演才華的夢想家，根本無處發揮。

培育演表者的
東涌社區

157

雖然沒有正規表演場地，在東涌生活卻給予樂靈很多表達生活感受的機會，可以說，他是一個由甚麼都缺乏的東涌社區孕育出來的演表者。在他年幼的時候，逸東邨是個全新社區，比較「雜」，加上有街童問題，所以家人很少讓他在街上流連。雖然如此，一家人卻跟鄰居十分熟絡，樂靈的媽媽差不多認識了整層的住戶，不但會把樂靈交給對面的家人看管，兩家人甚至會有對方家的門匙，互相照應。這樣的成長也令樂靈善於交流，身處陌生環境、面對陌生人他駕輕就熟，把他鍛煉成一個外向的年輕人，使他在社區交了不少朋友。

跟樂靈聊起他和幾個好同學（小智、Candy、紙巾）相識相知的經過，才發現原來樂靈跟紙巾是同邨鄰居，初中時慢慢由宿敵變成好友，我們覺得這甚有戲劇味道。Candy則是他小學已經認識的同學。他們四人是中學同班同學，幾個人說起在中四時，認識了班上來了從名校轉來的女同學，遇到了情緒和壓力問題因而轉校。「我哋好似係鬧醒咗佢，是嘛？」

紙巾忘記發生了甚麼事情，但記得那一次大家大聲問她：「可唔可以做
嘢唔好成日諗人哋感受？可唔可以諗下自己嘅？嗰次之後佢就突然好返
咗。」

顧景 — 相信未來

演藝夢想
創造表演平台

159

因為那一次「治療」女同學的緣故，這一夥人不知怎麼就慢慢跟駐校社
工熟落了，也成為了朋友，樂靈和他的朋友紙巾和小智參加了職夢青年
生涯規劃（DBC）活動，正是因為駐校社工介紹。在DBC這個活動中，
樂靈把自己的夢想分享了，因此得到了成為短片製作公司實習生的機會。
Final project有機會拍MV，想法多多的他被大家推薦成為導演。他們
一組三人行，要包辦音樂/拍攝/後製等等，樂靈因此也動員了全家：媽
媽成為了其中一個角色、哥哥有份唱歌，自己家則成為拍攝場地。透過
DBC的活動，樂靈跟聖公會的社工成為好友，常常跟社工和其他參加者
一起做義工、行山，有時也會在「hea房」耍廢。

除了朋友和社工，樂靈也常常提起他的老師。紙巾和Candy點頭認同，
表示跟老師很friend，甚至上堂時間都會一起唱歌。喜愛演出的他，樂此
不疲地給我們看他在校內各種表演的片段，包括跟老師合唱、負責Talent
show表演、燈光和音響設計等等，相信老師們都肯定他的表現天賦呢。
「我好似需要成長得好快。」樂靈這樣形容自己。相對年輕就找到自己發

展的方向，亦獲得各種嘗試幕前幕後的機會，雖然很累很忙，但也做得開心。就這幾個片段，我們就深刻地覺得，這個夢想成位表演者的樂靈，他的生活其實充滿表演元素，營造東涌的出現，把這個訓練有素的青年人帶到一個真實的表演場景；也是因為他的參與、分享，才被創造出來的表演平台。

想法多多的表演達人向我提議我應該怎樣寫關於他的故事，他是我們進入東涌以來第一次遇上這麼主動的人。「寫故事我覺得好好玩啊。我可以帶你同班 friend 行下大澳，然後我想順便去 Busking。」他似乎也希望自導自演一下關於他的這個故事，應該怎樣呈現在讀書眼前。得到他那麼熱情主動帶我們遊走社區，還會說會唱歌助興，我們怎不馬上「心心眼」說好。我們即將會出版的書刊，如果能成為他的一個表演（表現）平台，也是我們樂意而為，我們也沒有想到這個部份也能成為一種實現夢想的機會。

結伴同行的人
構成能造夢的社區

當日是平日早上，加上剛剛結束農曆新年假，除了小量店舖和招攬出海觀賞海豚的船民，大澳大部份店舖還未開爐，比平日安靜得多。我們吃了沙翁和糯米糍等小吃，很快就逛完舊村落。這時，樂靈竟然顯得有點不好意思，他馬上「發功」，盤算可以有甚麼地方可去，剛好經過碼頭有船駛過，他就建議我們即興去屯門走一趟。他之後跟我們說：「本身諗住帶你睇下我嘅一日生活，不過我平時喺東涌真係無咩有趣嘢做 ……」我們跟他說「不要介意」，但也不忘問一句：「那會 busking 嗎？」他回答說：「老實說我從來未試過 busking，不過一直想試。」看來他對我們這一次外出放了不少心思，有很多他渴望讓世界看見的模樣，儘管現實未能把這些面向全部呈現。

後來，我們決定在屯門打保齡，才終於發現樂靈還是有他不擅長的東西。結果，我們便在他把球直接送入坑、然後被紙巾和Candy恥笑之間無限地輪迴，嘻嘻哈哈地度過了一天。早前計劃的東西全部未做到，但這樣更像一個中學生的 a day in a life：即興地跟朋友到處玩耍度過假日，誰

理會怎麼「加速成長」、怎樣變成夢想中自己等等的事情。

回想中學的自己和身邊的朋輩，對將來的想像只有升學，其餘一片迷惘。我有點慶幸認識到樂靈，除了是「終於有故事可以寫了」這種有點desperate 的感動，也是因為目睹他有這麼一個由朋友、家人、老師和社工組成的社會支援網，他們沒有大力介入要指導這個位青年人發展潛能，卻提供強而有力的支持，然後，當社區一個表演平台出現了，就可以令這個年輕人有合適的空間去追夢。說是一個空間，是因為沒有指定發展路線，也沒有不惜代價都要達成個人夢想的壓力，樂靈常常奮力嘗試、悉力以赴，有追夢的空間，卻沒有被對夢想的執着扭曲自己和自己的生活。

願景——相信未來

激勵社區的
夢想與傳奇

163

1 https://www.youtube.com/
watch?v=RekR7m4qGDs

文憑試前的一個情人節樂靈在 DBC 的 final project——《黃色大門》Cover 和 MV[1] 正式面世了。樂靈第一次執導,小智負責音響和後期製作。MV 以東涌成長的青少年作背景,講述主角阿恩從小愛上音樂,即使長大後仍然一邊工作一邊寫歌,只是現實種種因素讓他氣餒。青梅竹馬的阿言想辦法鼓勵阿恩繼續以音樂為夢,讓他知道音樂不單止是個夢想,更一直為身邊的人帶來幸福。這次拍攝是整個DBC活動中最重要的一份功課,但對樂靈來說,這個MV有着更深的意義。拍攝固然是興趣,但作為導演是新的探索,為將來想成為幕前的自己嘗試新角色。同時,這是一份對身邊人的感激——

「讓那 海豚時時游到趾尖
不由旁人沉悶傷損 一人同行行進卡通片
在我堅持的 黃色 門裏
珍藏着 自製那冠冕

窗紗外　小鹿給我送枝花
想想吧　真想給你見到他」

MV面世的幾個月後，樂靈就要面對另一個人生轉捩點 ——文憑試。有聽過一句說話，說許多改變人生軌跡的抉擇，都會在年輕那最懵懂的時候發生，有時作出了抉擇也未必知道會帶來甚麼影響。一個社區要有能發夢和追夢的人，特別是青年人，因為這些人的夢想往往會構成社區集體回憶，甚至成為社區的傳奇，成為文化符號、工具及策略，反映社會關注和需要，激勵社區，以至帶來社區及社會的改變。沒有人能說夢想必能成真，但即使前路如何，樂靈總算在社區找到實踐空間，能像黃色大門的歌中人一樣，縱使長大成人，依然在心底裏藏住一個童話樂園，即使有時旁人不理解，都明白身邊總有人支持，有天或會成就出更大的改變。

願景　相信未來

太古集團慈善信託基金(太古基金)「信望未來」計劃贊助營造東涌項目。2020年，太古展開「信望未來」計劃以慶祝其在港150周年，透過資助具啟發性的社區項目，為香港社區帶來長遠正面的影響，同時亦體現了集團回饋香港的一貫承諾。

太古基金於一九八三年創立，是根據《稅務條例》第88條在香港註冊的慈善組織，恪守太古的格言「求真務實」(Esse Quam Videri)，追求利他主義，以行動直接貢獻社會，惠及廣大社群。

香港社會服務聯會（社聯）是一個法定團體，於1947年成立，與機構會員共同信守社會的公義、公平，以社會福祉為依歸。社聯致力帶動一個具影響力、彼此合作，靈活創新的社會服務界，並透過跨界別協作，與各持分者同行共創。社聯現時有超過510個機構會員，其服務單位遍布全港，為市民提供優質社會服務。

「營造東涌」項目

「營造東涌」是由太古集團慈善信託基金支持的一個社區營造項目，在基本的「信望未來」計劃下，由香港社會服務聯會（社聯）聯同四間本地社會服務機構，包括：香港聖公會東涌綜合服務、凝動香港體育基金、智樂兒童遊樂協會以及小彬紀念基金會，於2020年10月至2023年8月期間攜手推動「營造東涌」社區項目，期望透過各項支援方案，鼓勵弱勢社群助人自助，共建共融社區，營造互信東涌。

策劃及編撰　香港社會服務聯會

排版及平面設計　Nancy Chan

資助機構　太古集團慈善信託基金

研究團隊　Eunice To, Rainbow Lok, Daniel Ng, Cindy Wong, Anthony Wong

校對　周汝民

出版　藍藍的天有限公司

地址　香港九龍觀塘鯉魚門道2號新城工商中心212室

電話　(852) 2234 6424

傳真　(852) 2234 5410

發行及網上銷售　草田

網址　www.ggrassy.com

電郵　info@ggrassy.com

Facebook專頁　https://www.facebook.com/ggrassy

出版日期　2023年12月第1次印刷

國際統一書號 ISBN　978-988-70114-7-7

TRUST
MYSELF
TRUST
COMMU-
NITY
TRUST
FUTURE